短期療法実戦のためのヒント47

心理療法のプラグマティズム

東北大学
若島孔文 著

tomi shobo
遠見書房

序にかえて

台風が来襲しはじめている暴風雨のさなかに、この著作の原稿ファイルを手にした。著者渾身の力作を実感し、引き込まれて一気に読みおえた。

ふと、窓の外に目をやると、台風一過の西の空が明るく輝いていて、それはさわやかな読後感に重なった。

柔和で清冽な仙人のような小野直広先生の、自由でユーモアに満ちた名優のような長谷川啓三先生の、この二人の先達のこころを確実に受け継ぎながらも、大胆で繊細な武人のような著者の独自な世界が紡ぎあげられている。

〝実戦のため〟をめざしながらも、表面的な技法の提起にならないよう、研究者としての裏打ちが事例を通して丁寧になされている。そして何より、理論や技法を超えて、人とこころに焦点があてられている。それがあって、この短編集を読み進むうちに、あるときはひざをたたいて納得し、あるときはこみあげてくる感動にぼう然とする。

著者 若島孔文の心理療法が人を引きつける魔力は、一体どこに源があるのであろうか。持って生まれた天性なのかもしれない。決して語らない若き日々の苦渋の体験を経て獲得されたものかもしれない。あるいは、研究者・実践家としての研鑽を重ねて修得したものかもしれない。

いずれにしても、巧むことなく惜しむことなくあらわされているその秘法をこの本は提供してくれる。そしてそれは、研究者や実践者たちに、短期療法のバイブルとして活用され伝承されていくことだろう。

二〇一九年九月一〇日

短期療法を学ぶ会創設期メンバー／短期療法を学ぶ会仙台事務局長　西渕 嗣郎

はじめに

本書で言う短期療法とはプラグマティズム（実用主義）に基づく心理社会的支援の方法である。プラグマティズムと言っても、哲学者であるパース（Charles Sanders Peirce, 1839-1914）やデューイ（John Dewey, 1859-1952）の概念を意味しているわけではない。

佐藤克彦先生は私たちの仕事を一つの図（図1）により、視覚的に描写した（佐藤、2017）。

補足すると、この横の軸は、常識、理論や科学（エビデンス）、経験に関する軸である。こうした常識、理論や科学（エビデンス）、経験に沿って、「良い - 悪い」、あるいは「正しい - 間違い」という評価がある。縦の軸はプラグマティズムに関する軸である。それはそのクライエント固有の「有効 - 無効 - 逆効果」という評価である。

短期療法における支援法は問題へのその対処が「有効」ならばdo more（もっとせよ、あるいは続けよ）である。その対処が「逆効果」であればそれは悪循環ということになり、stopする。Stopするためには行動

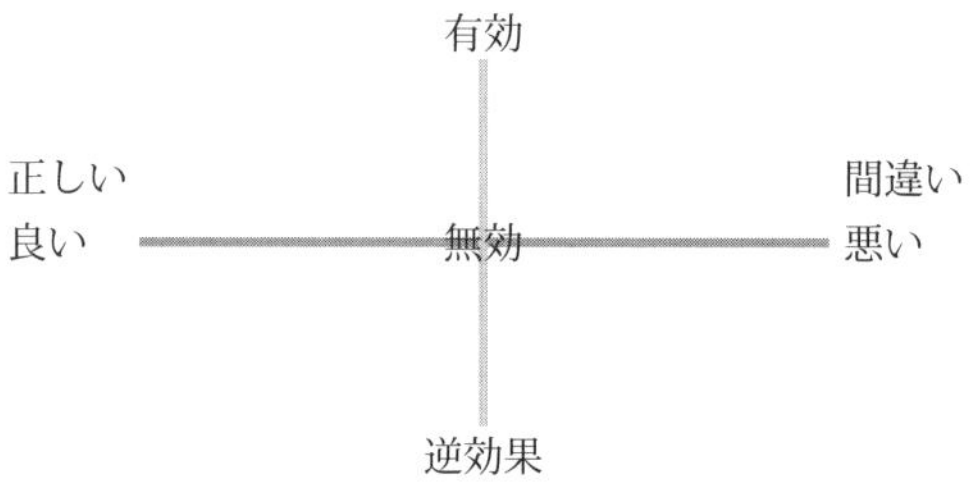

図1　プラグマティズム

理論に従い、do something different（何か違ったことをせよ）である。無効であれば、やはり今の行動を変更するために、do something different（何か違ったことをせよ）である。

短期療法は過去のトラウマ体験や過去の親との関係やイメージを原因として扱うのではなく、今ここで生じている行動、そしてそのパターンに焦点を当てて心理療法を進める。ミルトン・エリクソン（Milton Erickson）をその起源とする、と言われている。しかしながら、エリクソンにはシステム理論が導入されていない、あるいは不確かであり、短期療法であるかもしれないが、私たちが行うシステミックな短期療法ではない。すなわち、短期療法は個人を超えていなくてはならない。仮に個人療法が短期療法であるとするならば、明治に我が国で生まれた森田正馬先生（1874-1939）こそが短期療法の創始者であると、私は考える。エリクソンよりもずいぶん早くにその理論体系と解決事例を示している。

森田先生の臨床研究（参考として、森田、2004）は、今現在においても、最先端と言ってもよい程の知見にあふれており、認知行動療法で最も効果のエビデンスの高い方法である暴露法や、近年流行りのマインドフルネスをその時代に実現しており、また、問題を何とかしようと執着することが問題であるという、米国の短期療法に通じる考え方をすでに述べている。

加えて、目的本位という考え方は解決志向短期療法(Solution Focused Brief Therapy; SFBT)に通じる点を持っている。さらに、神経症の患者に症状について家族と話をしないように説いた。これは一般的な心理教育的サポートのあり方とは違い、家族療法に通じている部分でもある。一般的な心理教育的家族サポートは家族成員の凝集性(結びつき)を高めることが普通だが、森田先生は症状に対する家族との話し合いを禁じたのである。これは執着を家族が強化することを避けることが狙いである。一般的な心理教育的家族サポートのあり方を超えたところに家族療法はあるが、森田先生は家族の対応が逆効果であることを説いた。良かれとして実行しているその思考・感情・行動こそが問題を維持したり、エスカレートさせたりしている、つまり、無効であったり、逆効果であるという視点である。

しかし、先も述べたように、エリクソンと同様、森田療法では、米国の短期療法が背景としたコミュニケーション理論、システム理論、構成主義のような観点は持ち合わせていない。もう一つは介入方法、例えば、絶対臥辱のような介入方法が今の時代に即していないということだ。森田療法の見立ては神経症を超えて有効であれども、介入がそのような方法では現代人には即していない。森田療法は私たち短期療法を実践するものこそが、現代に即した形で発展させられる。私の短期療法の半分はある意味、森田療法と言える。ただし介入法は多様である。

短期療法は、グレゴリー・ベイトソン（Gregory Bateson）の貢献により、相互作用やシステミックな理論をベースとしている（参考として、Bateson, G., 1972）。システム理論、とりわけ、サイバネティクスが強調したシステムの性質としての自己制御機能を理解し、個人療法を超えたシステミックな心理療法であることを自覚しなくてはならない。

私は二〇代の頃、『よくわかる！　短期療法ガイドブック』（若島・長谷川、2000; 2018）という本を書いた（二〇一八年に新版が出版された）が、あれから十九年を経て、短期療法を二十五年間続けた成果をサバティカル（長期研究休暇）である今、ここにまとめたいと思い、本書を執筆することにした。二十五年を経て、私は短期療法をたいへんシンプルに考えるようになった。その成果の一部は『ブリーフセラピー講義』（若島、2011）に紹介している。

さて、これまでの道程ではその都度、さまざまな先生たちの教えを請うた。東京時代では井上隆二先生、名古屋時代には社会心理学の早川昌範先生、田中國夫先生、臨床心理学の田畑治先生、そして、長谷川啓三先生はもちろんのことＩＴＣ家族心理研究センターの児玉真澄先生、牛田洋一先生、仙台の小野直広先生、

京都の東　豊先生、そして、近年では精神科医の佐藤克彦先生に教えを請いこの二十五年を過ごしてきた。そして何より私の原家族から学んだことは基礎体力を与えてくれ、また、クライエントの皆様から多くを学ばせていただいた。

本書は二十五年を経た今、シンプルに考えるようになった短期療法をまとめ、心理療法やカウンセリングを行う専門家に向けた、短期療法を実戦する上でのテキストである。その前提、見立て、考え方など、さまざまな事例を交えながら解説していく。

文献

・Bateson, G. 1972 Steps to an ecology of mind. New York: Brockman.（佐藤良明訳　2000　精神の生態学　新思索社）
・森田正馬　2004　新版　神経質の本能と療法―森田療法を理解する必読の原典　白揚社
・佐藤克彦（2017）ワークショップ　行き詰ったときのブリーフセラピー指定討論　日本ブリーフセラピー協会第9回学術会議プログラム抄録集、p.7
・若島孔文　2011　ブリーフセラピー講義―太陽の法則が照らすクライアントの「輝く側面」　金剛出版
・若島孔文・長谷川啓三　2000　よくわかる！　短期療法ガイドブック　金剛出版
・若島孔文・長谷川啓三　2018　新版　よくわかる！　短期療法ガイドブック　金剛出版

目次

Ⅲ　短期療法の背景編

Ⅳ　短期療法のプロジェクト編

Ⅴ　短期療法自己成就編

Ⅰ　短期療法の基礎編

1. 短期療法の基本モデル——問題-偽解決モデル

サイバネティクスとは操舵手を意味している。爆弾を目的地点に落とすために、爆弾を撃つ。爆弾の着弾点と目的地点の差異をフィードバックして第二打を近づけていく、というような自己制御システムである。

サイバネティクスでは、問題を感知することで、それを修正しようとする自己制御機能が働き、個人あるいはそれを超えたシステムのレベルで自己制御が生じていると考える。

二〇代後半の男性が上司にともなわれて来談した。上司はメンタルヘルスにあかるいたいへん優しく立派な人だ。数年前に身体の手術をした男性は、その後、気分が悪く、体調を崩すことがあり、最近、頻繁に会社を休むようになった。上司はこの男性がうつ状態なのではないかと心配した。合同面接で相談の概要を聴いた後、私はこの男性とまずは個人面接をすることにした。

男性はたいへん誠実な人柄で、体調を崩すことが多く、会社を休むことが増えてしまったこと、そして、もうしばらくしたら子どもが生まれることなどを話した。私は一貫して、数年前に胸を開き、身体を手術したことこそが、気分の悪くなる原因であるという視点をとった。すると、男性は現在も薬を飲んでおり、その副作用かもしれないと考え始めるようになった。実際に調べてみると、男性の症状は、薬の副作用そのものであった。

体調が悪くなったときの対処について男性に訊ねた。少し横になったりして休憩すれば、回復すると言う。それはほんの二〇分ほどである。これは症状に対するこの男性の自己制御行動である。また、会社で、男性が気分が悪くなると、優しい上司は気遣い、車を準備して家まで送ってくれるということが数回続いた。これは上司の自己制御行動である。しかしながら、男性は上司に対して申し訳ないという気持ちが強く、また、会社に迷惑をかけているという思いでいっぱいであると話した。そのため、朝起きて気分が悪いとき、あるいは、朝起きてその日気分が悪くなると予想したとき、上司や会社に迷惑をかけないように、その男性は会社を休むようになった。

このように、自己制御行動（ネガティヴ・フィードバック）こそが問題を維持させてしまったり、エスカレートさせるポジティヴ・フィードバック（ベイトソンによる分裂生成）となることがあると考えるのがジョン・ウィークランド（John H. Weakland）たち米国の短期療法モデルである（Weakland, J. H. et al., 1974）。解決しようとする自己制御行動こそが問題になるということから私はこれを第一義的パラドックスと名付けている（若島、2010）。

この第一義的パラドックス、すなわち、悪循環を、個人の内的レベルで説明するのが森田療法である。短期療法は、この上司の行動に見られるような対人的な論理階梯（logical type：論理の次元・階層）で見立てて、介入していく。

私はこの男性に、気分が悪くなったら、会社の医務室で二〇分くらい休憩させてもらえば、会社を休まなくてすむのかを確認した。男性は「そうです」と言う。それならば、私から上司にお願いしようかと訊ねると、自分から話すと静かに語った。そして、それを上司に話して以来、この男性は会社を休むことはなくなった。

文献

・若島孔文　2010　家族療法プロフェッショナル・セミナー　金子書房
・Weakland, J. H., Fisch, R., Watzlawick, P. et al.（1974）Brief therapy: Focused problem resolution. Family Process, 13, 141-168.

2．例外の活用――二重記述モデル

両親が小学校高学年の娘の問題行動に悩み来談した。思春期に入った娘は母親と毎日のようにもめていて、同居する祖父母や妹たち同居家族にも混乱を引き起こしている。母親は「娘は片付けや宿題をやると言ってやらない、前の晩に宿題をやったと言ったのに、次の朝に早起きしてやっていたりする」と嘆く。

母親からすれば、娘のだらしのない行動を注意し、指導することは当たり前のことである。つまり、正しい行動と言えるであろう。しかしながら、注意し、指導することで、娘は嘘をつかざるを得ないようになってしまう、という逆効果とも言える問題の複雑化を導いてしまっている（第一義的パラドックス）。

父親もそのような妻と娘の葛藤を問題として感知している。自己制御行動として、娘を叱った。娘からすると、家族の中に味方がいない、と感じているかもしれない（第一義的パラドックス）。

父親が使用した「反抗」という言葉を利用し、私は娘の行動を反抗期としてリフレーミングした（これまで異なる枠組みを促した）。つまり、娘の問題行動はその娘に固有の問題ではなく、この年代の子ども全体の正常な行動として一般化（ノーマライズ）した。そして、この問題が永遠に続くものではないことを暗示した。

例外（de Shazer, 1985）（問題が生じないときやエスカレートしないとき）は、母娘が二人でいるとき、母親が娘に注意や指導から離れた娘自身の体験している世界について話を聴いているとき、であった。

介入課題は、父親から「お母さんはお前（娘）と仲良くしたいと思っている。そのためにお母さんがカウンセリングにかよって、変わろうと努力している。人間そんなに変われないかもしれないけど、そういう気持ちを持っている」と娘に伝えること。もう一つは、母娘二人だけで出かける機会（この時期、偶然にも学業および進路に関わる事柄からそのような機会が増えていた）に、母親が娘に食べたいものを聞いて、デザートなどを食べにレストランに寄る、という即物的に見える介入であった。これは例外を拡張することを意図したものである。

第二回面接では、父親からは、母娘の葛藤が明らかに減ったこと、娘が柔らかい性格になったことが語られた。一番ひどい時を100として、0を良い状態とすると、現在、20点か30点であると答えた。母親は終始笑顔である。娘を注意・指導するのではなく、娘が学校の話をするのを聞いていると言う。娘がよく話すよう

図2　陰陽図

になったと報告した。母親は50点と答えた。しかし、これは今の状態が続いていくことで0点になると話した。よって、終結とした。

講演のため訪日したジョン・ウィークランドに、参加者が問題 - 偽解決モデルと解決志向モデルとの異同を問われたとき、陰陽図を提示して説明した。つまり、ジョン・ウィークランドらのモデルとSFBTモデルは、表裏の関係にあるということを示した。私たちはその考えを踏襲し、二重記述モデルとして提示した（長谷川・若島、2002）。陰陽図のメタファーは短期療法を実によく表現している。

黒と白をそれぞれ問題と例外と捉えてみると、問題と例外の対比、さらに例外の中に問題、問題の中に例外を見ることができる。

二〇一二年の日本ブリーフセラピー協会学術会議で行われ

たデモンストレーションのケースは一つの例である（東・水谷・若島・長谷川、2014）。高校生の娘とその両親が来談した。娘は同居する父方祖母から「かわいくない」ときつい言葉を投げかけられる。一方で、母方の実家に遊びに行っているときは、リラックスし、安心できると言う。これは本人の状態としては白の部分であろう。しかし、母方の実家で楽しそうにしている孫を見た父方祖母は、この娘に対してよりきつくあたる可能性があるという意味で、黒である。つまり、悪循環と良循環は論理階梯により相反する意味を生み出す。グレゴリー・ベイトソンらの二重拘束理論はそれを示した研究でもあり、また、リフレーミングという方法は論理階梯（抽象度）の変更により、容易に達成できることを示している。

文献

- de Shazer, S. 1985 Key to solution in brief therapy. New York: W. W. Norton.（小野直広訳　1994　短期療法―解決の鍵　誠信書房）
- 長谷川啓三・若島孔文編　2002　事例で学ぶ家族療法・短期療法・物語療法　金子書房
- 東　豊・水谷久康・若島孔文・長谷川啓三　2014　匠の技法に学ぶ―実践・家族面接　日本評論社
- 若島孔文　2010　家族療法プロフェッショナル・セミナー　金子書房
- Weakland, J. H., Fisch, R., Watzlawick, P., & Bodin, A. M. 1974 Brief therapy: Focused problem resolution. Family Process, 13, 141-168.

3．第二義的パラドックス

二〇代半ばの娘と母親が来談した。娘は大学生のときから学生相談でカウンセリングを受け、さらに学生相談で紹介された外部機関でも診断・カウンセリングを受けていた。診断名は適応障害や不安障害であった。現在も心療内科に通院中で、睡眠薬、抗うつ薬を服薬してる。また、父親は来談しなかったが、仕事中の事故で身体に障害を受け、身体を動かすのに苦労している状態である。そして、デパス、マイスリーなどを服薬中であると言う。父親はそのような中でも仕事を続けている。娘と母親は知り合いの専門家に紹介されて来談した。

私は娘さんに「何がどのようになったら、ここに来て良かったなぁと思えますか？」とシンプルな開始の質問を訊ねた。少し考えている間に、母親から娘さんの四月からの経緯が話された。娘さんは四月に県内の職場で働くことになり、そこで仕事について上司から強く指導を受ける際に緊張することが度々あり、体調を崩して欠勤することが続くようになった。母親としてはそろそろダメかなと思っていたところ、有給休暇を消化しきってしまった五月に依願退職した。現在はバイトもしておらず、無職の状態であると語られた。

私から再び娘さんに対して開始の質問を投げかけた。「○○さん（娘さんの名前）は、ここに来てどうなったら来てよかったなぁと思えますか？」と。すると、娘さんは「父が自分につらくあたらないようになって欲しい」と話した。「父と母が喧嘩すると、母が『もう離婚する』というようなことを父に言います。そうすると父は機嫌が悪くなって私にやつあたりしてくるのです」

私は「お母さんとお父さんの間でそんなやりとりがあるんですか？」と母親に訊ねた。気まずそうに母親は「まぁ、言うときもあります」ということであった。娘さんは続けた。「結局別れていない（離婚していない）ので、脅しみたいなものだと思います。でもそれで父が私にあたってくるのは辛いのです」

私はこの娘さんに「冷静に自分や家族の状況について詳細に理解されているのですね。若いのにこんなにしっかりしている方はめずらしい」と伝えた。サブセラピスト（誰であったか覚えていないが）の方を見て私は再び繰り返した。「ほんとうに素晴らしい娘さんですね。私たちとしても娘さんがこんなにしっかりしてくれていると頼りになる（笑）」と。「今のお話からすれば、お母さんがお父さんを脅さなくなってくれれば状況が良くなりそうだということですか？」と問う。すると娘さんは「そうだと思います」ときっぱりと答えた。

「その他に、こうなったら良いというのはありますか?」と話を進めた。娘さんは「父を見ていると、私も父のようになるのかと思って不安になります」と話した。母親は「この子の姉は、父とのつきあい方がうまく、上手にいなしながら自分のやりたいようにやってしまうところがあります。姉の結婚についても一悶着あって、夫は姉が婿を取るものだと勝手に思っていて、また姉の婚約者も夫のそうした発言に『はい』と言ってしまったことがあり、結局、婿にならない(姉と結婚しても両親と同居しない)ということが分かると、『結婚するのは許さない』という態度になって、結婚話がむちゃくちゃになってしまったことがあったのです。それでも姉は上手にやって、結婚する方向性はまだ保っているし、最近は夫も『婿にならなくてもいい』ということを言うようになりました。この子はそれができない。ちょっと神経質なところもあると思います。もともと大学のときもストレスで体調を崩すことがあって、その度に私がこの子の下宿先に行って世話をしていたのです」

私は「○○さんは体調に出やすいんですね。今回の退職のときも同じでしたか?」と問うた。母親が応じた。「指導を受けている最中に倒れてしまったらしいのです」

「指導を受けているときってどう思ってたんですか?」と娘さんに問う。

「面倒くさい……はやく終わって欲しいなーと思っていました。あとはパニックになるような感じです」と娘さんが応じた。

私は「指導を受けているときの面倒くささとか、緊張する感じに慣れていないのかもしれませんね。そういうのに慣れる場ってないでしょうか？　例えば、バイトとかでもいいですし、お父さんの仕事（自営業）を手伝うとかでもいいです。ちょっと面倒な帳簿とかを娘さんにお願いして、ミスしたところはお父さんに指導してもらうことにしてみては？　お父さんは役割として娘さんを指導することになりますし、娘さんも慣れるためにわざと指導されていることになりますしね。けっこうお父さんも協力してくれるんじゃないですか？」

「あぁ、はい。やってみようかな」と娘さんが応じました。さらに「バイトでもいいでしょうし、資格も持っているのだからいろいろな選択肢もあるでしょう」と付け加えた。

母親が娘のことを気遣えば気遣うほど、父親から娘に投げかけられる言葉がきついものとなっている。父親は娘がひきこもりのようにならずに、働くことを求めているのかもしれない。そういう意味で父親もまた娘の問題を解こうと自己制御している。つまり、家族成員が問題を解こうとすることで、問題がよりエスカレートするという第一義的パラドックスである。

私は第二義的パラドックスを用いている（若島、2010）。第一義的パラドックスを崩すための対抗パラドックスである。娘さんへの介入は父親の仕事を手伝い、指導してもらうことである。これはパラドックス介入である。娘さんは上司からの指導、父親からの言葉を問題としていたはずである。また、母親は父親からの娘に対する言葉を問題としていたはずである。しかしながら、コンテクスト（文脈）が変わると、同じこ

図3

とが違うこととなる。

　さらに面白いパラドックスについて紹介したい。この写真（図3）は、私と長谷川啓三先生が中心となった東日本大震災・東北大学PTGグループの仮設住宅のものだ。大学院を修了して支援から去って行く支援者に対して、仮設住宅の住民の方々がお祝いの会を開いてくれたのである。あべこべである。

　PTGグループはこのようにサポートしてもらうことを望ましいことだと思っている。震災の初期、避難所が物資不足の時期、被災した方の一人がお礼に温かいおにぎりを私たちに手渡してくれた。そのとき、その人は一番の笑顔を見せたのである。

　被災者のみならず、人はサポートを必要とする一方で、他者をサポートすることで元気と活力を得ているのである。支援されることで、支援になるというパラドックス。この視点を今後の震災支援において専門家は理解していて欲しい。

文献

・若島孔文　2010　家族療法プロフェッショナル・セミナー　金子書房

4．問題をどのように捉えるか

問題をどのように捉えるかということは、短期療法ではある意味で高度な技である。まず、短期療法で重要なのはそれが誰の視点から問題が定義されているのかである。ここが他の心理療法と短期療法を分ける重要な鍵である。

タバコを吸い、原付などを盗み、それを乗り回し、警察に捕まった素行の悪い中学生に、児童相談所として会うことになった。少年の家まで行き、少年を児童相談所に連れてきた。このような場合、素行が悪い、あるいは非行を繰り返し行ってきたことが問題となっているが、この問題の捉え方はあくまでも大人から見てのものである。その大人の視点を押し付け、この少年が改善への動機づけが低いというのは少年にとっては青天の霹靂である。少年はそのような行動こそが「カッケー（かっこいい）」と思っているのである。

ここを多くの支援者は理解するのが難しいようなのである。こんな当たり前のことにも関わらず。この場合、支援者は少年の動機づけを高めるには少年の視点から問題を構成しなくてはならない。私は次のように少年に話しかけた。「○○君、児童相談所好き？」もちろん嫌いだよねという表情と口調で。少年は私のこの言葉に注意を向ける。まさか心理判定員がこんなことを言うとは思っていないからである。そして、少年は「嫌いだ」と明確に返答した。

「でもずっと来所を続けることになるんだよ。○○君はここに来たくない。残念だね」。少年は私に注意を向けていた。「でも、来なくてもよくなる方法があるよ。知りたい？」

「知りたい！」

私はその方法をもったいぶりつつも教えることにした。「それは簡単だよ。周りの大人たちに『あいつは変わった！』と思わせればいいんだよ。特に親と学校の先生が『あいつは変わった！』って思えば、ここに来なくてよくなるよ」。少年は興味を持ち、学校に午前中から行くと親も先生も変わったと思うに違いないと話した。私はそれを肯定した。

少年は午前中から学校に登校し始めた。そして、午前中から学校に行くことで、これまでとは異なる友だちを持つこととなった。少年を取り巻く人間関係はこれまでと異なるものとなった。そして、少年の非行は無くなっていった。

誰が何を問題としているか、それに従って自己制御が起こっていることに目を向けて欲しい。さて、次は問題を定義する方法である。私は基本的に「たくさんの問題があるけれど、まずはこの部分が少し変わると、少し楽になれることはどんなことでしょうか？」「何がどのように変われば、ここに相談に来てよかったなぁと思いますか？」などと質問することにしている。私はこれを開始の質問と名付けた。初回面接でもその後でもこの質問を何回か行って欲しい。それで問題が、あるいは解決が定義できる。

一方で、私たちは臨床心理学の専門家である。クライエントが応答したそのままを問題あるいは解決の方向性にする必要はない。クライエントの応答とともに、私たちは提案もしながら、問題を再構成していくのである。そして問題あるいは解決の方向性が定まり、その後、心理療法が上手くいっているかどうかを評価できるようになる。

5．リフレーミング

ある新聞の中折り紙面の投稿記事に興味深いものが掲載されていたのを思い出す。娘さんからの投稿記事。お父さんがパンツ一枚で家の中をウロウロしている。そして宅配便が来たとき、お父さんが玄関に向かった。お母さんは次のように述べた。「そんな恰好で出て行っちゃダメ。蚊に刺されるから！」投稿者の娘さんは「お母さん、そんな問題じゃないでしょ！」と締めくくる。私はこの投稿記事を見て、このお母さんはリフレーミングの達人であり、お父さんがどのように言えば、どのように行動するかを熟知しており、戦略的にこのような言葉を使うようになったのではないかと！　考えてみればよい。このお父さんに「恥ずかしいから、ズボンぐらい履いて！」と言ったならば、このお父さんは素直にズボンを履いたであろうか。いやむしろ反抗して最後の砦であるこの一枚のパンツまで脱ぎ捨てたかもしれない。リフレーミングとは、認識の枠組み（フレーム）を再度（re）作り直すことを意味している。リフレームとはその状態のことである。以下ではさまざまなリフレーミングの例を紹介する（参考として、若島、2011）。

本事例は妻が通院している総合病院精神科から私のところに紹介された。陪席は狐塚貴博君。現在、名古屋大学教員。妻は一年前からうつ状態で総合病院精神科に通院し服薬をしていた。実際には境界性パーソナリティ障害である。主訴は「夫婦関係について」の問題であった。家族構成は四〇代の夫と妻、娘の三人家族である。初回面接では、妻は夫が話を聞いてくれないことや意見の不一致、自身の体調不良から子育てや家事の大変さを訴え、夫は妻と会話しても理解してもらえないという理由から会話の回避や話し合いを途中で打ち切るといったことが話され、一方の主張に対する対抗主張が繰り返される相称的な関係であった。

第二回の面接では、今回の面接でも相手が変わることをお互いが強く主張し、妻への連絡なしに夫の帰りが遅いことや育児の負担についての口論が朝までエスカレートしてしまい、夫が会社を休むことがあった。お互いの意見がかみ合ったことは全くなく喧嘩にならなかったことはないとお互いが主張する。主に妻の夫の言動に対する不満が中心であった。

そこで私はスプリット面接（夫婦別々に面接をする方法）に切り替え、まずは夫のみと面接を行った。妻は服薬や体調不良を理由に何もやらないことがほとんどで、掃除や洗濯、子どもの世話や食事の用意を全て夫が行っていること、離婚の話をした時に、妻の自殺未遂や気分が不安定になることが話された。よって夫が少しでも自宅で楽になり、仕事に影響が出ないようにすること、さらに夫が妻の不安定さをうまく扱えるようにするという目標を共有し、妻の行動を問題と見立てることで夫の視点から夫婦関係の問題を扱っていく方針を夫だけに示した。とりわけ、夫の問題を訴える妻の考え方を利用（ユーティライズ）し、妻に対して、夫が変わらなくてはいけない、だから、夫のみが面接に来るべきであり、妻は面接に来る必要が今のところない、とリフレーミングを行った。

第三回〜第五回面接では、何度か喧嘩することはあったが、最近妻から文句を言われることが少なくなったこと、妻の気分の波の底が上がってきたことが報告された。この点について、家事や育児を少しでもやってくれた時に、夫が「大変なのに、ありがとうね」と褒めると、妻から「あなたも大変だから」と言われ、持ち上げた方が上手く行くことが報告された。また、近所のお母さん友だちと子育ての話や夫のグチを話した日は比較的落ち着いている、パソコン関連の話題では比較的落ち着いて話せることが報告された。このことから、妻へのねぎらいとほめ言葉を用いて夫の関心を示すことや夫以外に関心が向くことについて面接場面で話し合い、夫が妻にメールで「何か食べたいものある?」などと妻よりも夫が先に関心を示す連絡をする、妻に子育てに関するブログを作成することを提案することを課題とし、夫こそが変わって欲しいと望む妻の考え方に沿い、夫に対する評価のポイントを探った。

第六回面接では、喧嘩は相変わらずだがエスカレートすることがなくなり、仕事への影響がなくなり生活が楽になったこと。さらに、ほぼ毎日、家事、育児を妻がやってくれていることが報告され、夫からは今の状態が続いてくれればよいと話された。よって、現状で問題はないことが報告されたため経過観察とした。最後にセラピストは、必ずこれからも妻が不安定になることを強調し(パラドックス)、これまで夫が行ってきた妻への対処法の振り返りと夫から「最近、喧嘩が少なくなってきたが、もう私（夫）の事を愛していないのではないか？」というリフレーミングを妻に伝えるというパラドキシカルな介入を提案した。その後、フォローアップ（計三回）では、喧嘩は相変わらずだが上手く対処し、仕事も順調であることが報告され、終結とした。

中学生の息子の不登校を主訴とした両親面接。面接では両親の夫婦関係の問題について主に話し合われた。妻は言葉が多く、夫は言葉が少なく、少し引いている。第二回目の面接で、リフレーミングとして次のように告げた。「奥さんがたくさん話されるのは息子さんのことをよく知り、そしてよく考えているからでしょう。その一方で、旦那さんの前でたくさんの話をされるのは、さみしいという旦那さんへのメッセージにも見えます」

この母親はそれに同意をした。

私は続けてこう言葉を投げかけた。「もし、先ほど述べたようにそれがさみしさのメッセージだとするならば、旦那さんはどのようにそれに応えてあげることができるでしょうか？」

今までしゃべりの少なかった夫が話し始め、これまでは夫の話を阻止していた妻が夫のしゃべりを聴き入りはじめた。今まで「私には信仰もあり、強く、そして自信を持って生きている」と述べていた妻は、夫とのよりよい関係を築けるならば、信仰はいらなくなるとも話した。そして、最後に次のように介入課題を提示した。「旦那さん、奥さんからさみしさのメッセージを受け取ったら、奥さんの肩をもみながら、ただ聴いてあげて下さい。……あと、たまに……首を絞めてみてもいいでしょう（笑）」

この事例は、母親を中心として息子の問題を解決しようとしていたが、うまくいかなかった。したがって父親を含めて息子の問題解決の仕方に変化を与えたい、と考えた。しかし、夫の勢力が低く、そのような関与をする余地がない状況であった。実際に面接場面では夫は発言権を維持することすら困難であったのだ。妻が夫の発話を阻止するか、あるいは、夫の発言内容を論評する。そこでこのリフレーミングを行ったのである。このリフレーミングをもしこの妻が受け入れるならば、妻は夫に発言権を与えるか、あるいは、自らが話すことで「(夫に対して）さみしい」というメッセージを与え続けることで自らの勢力を低めるかのいずれかを選択するという、上位制御レベルのパラドックスに陥ることになった。これは夫婦間の関係を利用した二重拘束（Bateson, G. et al., 1956）を含むリフレーミングの例である。この妻は前者を選択した。そして、夫婦で協力して、息子と真剣な話し合いの機会を持つことで二回のセッションで終結した。ここで加えておきたいことは、近年、リフレーミングが事象に対する単なる肯定的言い換えのように使用されている点である。リフレーミングは本来、この事例にみられるようにパラドキシカルな意味を含むことこそが重要である。

文献

- Bateson, G., Jackson, D. D., Haley, J. & Weakland, J. H. 1956 Toward a theory of schizophrenia. Behavioral Science, 1, 251-261.
- 若島孔文　2011　戦略派におけるリフレーミング　現代のエスプリ「リフレーミング：その理論と実際―〝つらい〟とき見方を変えてみたら」，523, 54-62

6. 奇跡の質問

解決像を作り上げていく方法もある。それが奇跡の質問（miracle question）だ（参考として、若島，2015）。この技法は、インスー・キム・バーグ（Insoo Kim Berg）が多くの問題に圧倒されたある女性の面接で、たまたま行った質問から技法化されたものである（参考として、De Jong, P. & Berg, I. K., 1988〔玉真・住谷監訳，1998〕）。したがって、この奇跡の質問の効果のすべてを論理的に説明することは不可能である。奇跡の質問とは次のようなものである。

「これから変わった質問をします。今晩あなたが眠っていて、家中が寝静まっている間に奇跡が起こったとします。あなたがここへいらっしゃる原因となった問題が解決したという奇跡です。でもあなたは眠っていたので奇跡が起こったことを知りませんでした。それで明日の朝、目がさめたときにどんな違いから奇跡が起こって問題が解決したとわかるでしょうか（de Shazer, 1988, p.5）」（参考として、De Jong, P. & Berg, I. K., 1988〔玉真・住谷監訳，1998〕）

「お父様が家に帰るとき、息子さんがすでに帰ってきている場合だと電気がついているんですね。そうですか。今、夜の六時ですけれど、今日はこれ終わったらどうされるんですか？　あ、そうですか。買い物をして、それでご自宅に帰られて、帰られたらいつもどんなことをなさっているのですか？　今日は何をなさいますか？　ああ、食事を作ってそれを食べて、仕事のことやってテレビを見て、はあはあ、ニュースを見て、そして、風呂に入って、あ、そして寝るわけですか。そうですか。

それで、お風呂に入って寝られますよね。で、寝ている間にですね、もしですよ、変な質問をしますが、寝ている間に奇跡が起こって、すっかり息子さんの問題がなくなっていたとします。でも寝ている間ですから、奇跡が起こったことにお父様自身は気づかないですよね、寝てますからね。では、朝起きて、どんなことから問題が解決して、奇跡が起きたことに気づきはじめますか？」（若島，2011）

現実場面の詳細な描写から奇跡の質問をして、セラピストが「それから……」「他には……」「その後で……」「周囲の人は……」などとクライエントが詳細に語れるように手助けをして、解決像を明確化していく。

短期療法では、問題の原因を追究することは基本的にない。なぜならば、それはたいへん複雑になりがちであり、川の上流から下流を理解しようとするような作業だからである。しかしながら、奇跡の質問を用いて、どのような解決像を持っているのかを明確化していくと、解決像は意外にシンプルなことが多い。どのような問題であっても、クライエントから語られる解決像は笑顔が増えることや家族での会話が増えることや、掃除をできるようになることなど、たいへん日常的で、明確で、いつでも実現できそうなイメージである。

問題の原因を明らかにしていく作業ではなく、ダイレクトに解決像を描き、それを現実のものにしていこうとするのが奇跡の質問である。また、クライエントは多くの場合、問題の原因に思考が向き、解決像について考えてみることは少ない。この質問をすること自体が違ったことをすることになる。開始の質問の一つの使い方である「どうなったらこの面接を終えられるのか？」も、奇跡の質問と基本的に同じことである。また、解決像を明確にする作業は、セラピストとクライエントでの面接の目標の共有になる。面接目標を共有することで、コラボレーティヴなアプローチが進んでいく。

若い女性が来談した。「漠然とした不安」に悩んでいると言う。この女性はさまざまな心理療法・カウンセリングを受けてきていた。この主訴である「漠然」も「不安」も抽象的であり、解決が難しかった理由であろう。短期療法ではここを明確化していく作業に集中する。「漠然とした不安にどのようなことから気づきますか？」「周囲はあなたの漠然とした不安にどのようなことから気づきますか？」などという質問から明確化することもできるし、「その漠然とした不安がなくなったら、どんなところが変わってくると思いますか？」「その漠然とした不安がなくなったら、周囲はどんなことからそれに気づきますか？」というような質問からも明確化することができる。前者の質問例と後者の質問例は表裏の関係になっている。これらの質問はウェルフォームド・ゴールを作るためのもので、後者の質問が奇跡の質問と同義である。

ウェルフォームド・ゴールというのは適切な目標を意味している。これはシステミックに使用することが望ましい。つまり、重要な他者との相互関係を表わす言葉で表現されることである。例えば上述の女性は恋人とのやりとりの変化について言及した。また、状況を限定すること、例えば、どのような場面でそれが生じて欲しいのかを明確にしておくことも重要である。さらに、ウェルフォームド・ゴールは、問題がないとして定義されるよりは望ましい行動の生起として定義されることが望ましい。

文献

・De Jong, P. & Berg, I.K. 1988 Interviewing for solutions. CA: Brooks/Cole.（玉真慎子・住谷祐子監訳 1998 解決のための面接技法―ソリューション・フォーカスト・アプローチの手引き 金剛出版）・de Shazer, S. 1988 Clues: Investigating solutions in brief therapy. New York: Norton.

・若島孔文 2015 ミラクル・クエスチョン―「ありえない空想」の現実化 In：岩壁 茂編 カウンセリングテクニック入門―プロカウンセラーの技法30 臨床心理学、増刊第7号、92-95

II　短期療法の達成編

7．覚悟　取り組みへの決断

孫子の兵法（参考として、田口，2014）では「その来たらずをたのむことなく、吾が以って持つ有るをたのむなり。その攻めざるをたのむこと無く、吾が攻む可からざるところ有るをたのむなり」。すなわち、困難が降りかからないようになどと神頼みせず、「来るなら来い！」ということである。基本的にストレスのもとは受け身であることである。親が子どもにどう対応しようとか、セラピストがケースにどう対応したらよいのか、などというのも受け身の姿勢である。

高校生の娘がもう一カ月も家に帰ってこないと、その母親が相談に来た。たまに娘からこの母の携帯電話に連絡が来ると言う。娘は母に迎えに来てほしいようだ。しかしながら、夫である父親が娘をこれ以上に甘やかすことは許さないという理由で、妻である母親に迎えに行くことを禁じた。これが家族内のパラドックスである。この父親は娘を正しくしつけようとしている。母親はこの父親を無慈悲で意地悪な男としてみているようだ。夫婦の関係はぎくしゃくしていることだろう。私は初回の面接を終えるとき、この母親に夫を次回連れてくるように促した。

顔を真っ赤にしながら、娘の問題を話すとともに、妻のしつけの甘さがそれを導いたと語る。父親である。頑固で、迫力のある人である。妻である母親は初回と違い生気を失ってそこに座っている。私とともに面接室に入っている研修生は小林　智君。小林君は今は新潟青陵大学の教員となっている。私はこの父親の話を前のめりの姿勢で傾聴した。面接の途中、ブレイクをいれるため、私は小林君とともに退室した。私は小林君に、娘から母親に次に電話が来たとき、父親が迎えに行ってこいと母親に言ったという体《てい》で母親に迎えに行ってもらうという介入課題を考えたことを伝えた。父親が娘を許していることを、娘に情報的に伝えることを意図している。

面接室に戻り、私は父親に一つお願いしたいことがあると伝え、それが父親にとってとても嫌なことであるだろうと話した。父親は真っ赤な顔になり、声を大きくして、娘を迎えに行けということですか、と迫ってきた。私は迎えに行かなくてよいと話した。そして、母親が娘を迎えに行くことを許してほしい、と伝えた。父親の白目は赤くなっていた。そして、お父さんが迎えに行ってこいと言ったということにすることを許してほしい、と加えた。顔を真っ赤にした父親は一言、分かりました、と力強く言った。妻である母親は、夫の言葉に驚いた様子であり、生気を取り戻していた。そこで面接を終了した。

覚悟である。母親が父親を面接室に連れてきたこと、そして父親の怒りと興奮を抑えながらの分かりましたという一言は、この問題に取り組んでいく覚悟を示している。そして次の面接で口火を切ったのは父親であった。「車で娘と一緒にいる間、怒りをどうやってがまんすればいいんですかね」と話し始めた。それはどういう意味か。つまり、娘から母親に連絡が来た後、父親自身が車で娘を迎えに行ったのである。この父親の怒りはまさに愛情の裏返しなのである。小林君は軽やかに「温かい飲み物でも買って車に乗り込めばいいのではないでしょうか」と、次回のための介入を行っていた。そして、その後、娘が無断外泊をしたのは一日のみであった。

家族だけでなく、支援者もまた覚悟が必要である。兄二十四歳、弟二十歳のきょうだいと母親の三人で暮らす生活保護世帯。このきょうだいはひきこもりである。きょうだいともに各々の部屋から顔を出さず、福祉事務所ケースワーカーが保護開始以来七年以上、誰も顔を見たことがないという一番困難なケースであった。支援員は江川和哉君（私のゼミ出身者）、私は福祉事務所次世代支援のスーパーヴァイザーという立場にあった。

母親を介して情報を収集していると、きょうだい間、母と兄との間にやりとりはなく、挨拶をかわすこともままならないようだ。母を介してきょうだいへのアプローチを試みていたが不発に終わっていた。もう突撃してでも生存確認を行おうと私たちは話し合い、支援員は覚悟を決めた。

そして、支援員は母親に訪問日程を調整する手紙を持参し、アパートの呼び鈴を押したところ、見知らぬ若い男性がひょっこり顔を出した。支援員はアパートの部屋を間違えたかと思い、一度、部屋を後にした。部屋が正しいかを確認し、再度、アパートの呼び鈴を押した。再度ドアから顔を出した若者に、支援員は「役所の者ですが、○○さん（名字）にお手紙を持参したので、受け取ってもらえますか？　つきましてはサインをフルネームでください。役所なので」と伝え、サインからこの男性が兄であることを確認した。併せて詳しく話さなければいけないので、次回訪問時に部屋に入ってもよいか尋ね了承を得た。

後日、支援員は担当ケースワーカーと兄のもとに訪問した。日々の生活について尋ねると、独学でＦＸを行い世界各国とやりとりしていたことが判明する。生活保護の制度を説明し理解してもらった上で、今後、兄が世帯を経済的に支えるのかどうかを尋ねたところ、即答で「嫌だ」と回答した。ＦＸで自分の生計をたてていくために、就労自立を目指し、就労支援を受けることとなった。

兄とは会うことができたので、母親と相談し弟と会うための方法を模索した。生活保護の制度上本人と会わずに保護費が支給できないことを話し、支援員はなにより生きているか確認する必要があると母親に伝え、時期を決め母親と弟で扉を開ける準備をしてもらうことにした。準備が整ったところで、管理職と担当ケースワーカーとともに布団にくるまった本人の生存を確認した。そして今後、母親と支援員と弟の三人で話していくことを決めた。

サッカー好きだった弟は支援員と話が合い、やりとりを繰り返した。趣味や人生について話して二カ月、支援員は就労を切り出した。就労を始めた兄の動向を壁越しに気にしていた弟は、兄に負けられないと一念発起し就労支援を受けるために福祉事務所まで自力で来所した。就労支援で得た仕事は公園清掃（十一月）。軽労働をイメージしていたが、運悪くその年は冬が早く雪が多く過酷な労働になっていく。就労の過酷さと「このまま兄のようにアルバイトで生きていきたくない」という思いから受験を決意した。一月から始めた受験で二月に高校に合格した。

支援員が覚悟を決めた後、あっという間に、きょうだいたちは動き出したのである。その後、兄は就労をして支援を終了し、弟は充実した高校生活を送り支援終了した。弟は高校卒業後大学に進学し世帯から自立した。

文献

・田口佳史　2014　超訳 孫子の兵法―最後に勝つ人の絶対ルール　三笠書房

8．払捨——臨機応変に

払捨《ほっしゃ》とは、払い捨てる、つまり無心になって自らを捨てるという意味で、伊藤一刀斎景久が編み出した技である。専門的な知識、あるいは個人的経験にこだわり過ぎることで心理療法が難しい経過をたどることを多く見ることができる。また、無想剣という技もある。これは無意識＝身体が反応することである。新陰流の転《まろばし》も同様のことと言える。

転換症で半身不随の男性が家族に付き添われて来談した。人間関係でのトラウマを抱えていた。私はまずはリラクゼーションを導くため催眠療法と同様なイメージ法を実施した。心地よいイメージが広がり、その男性の身体は弛緩していく。心地よいイメージは喫茶店で休息しているというものであった。弛緩が上手くいき、椅子からずり落ちそうになるのを私は側面に行き、押さえながら進めていた。そのイメージを進めている中で、この男性にトラウマ的体験を与えた人物が突如、喫茶店に登場したのである。男性の額から汗が落ち始める。

このように技法を実施している際に、下手な専門家は中途半端に終わらしてしまうことになる。下手な専門家というのは過去の自分である。私は二十年近く前に、パーキンソン病と同じ症状を持つ、身体麻痺の高齢女性に催眠を実施したことがある（若島、2001）。言葉もふるえていて聞き取りにくいこともあり、催眠誘導した。誘導後、身体の動く部分に焦点を当てた。そしてそれを拡張した。かなりうまく進んでいった。が、催眠を解除した後、身体が動かなくなってしまったのである。歩行器で来室し、車椅子で病室に戻るという事態になった。私は解除後の反応に驚いてしまい、そこで面接を終えた。これこそが最大のミスであることを知ることになった。

額から汗を流して、登場人物に恐怖を示す男性。私は次のようにこの男性に指示した。その人物を恐れずによく見よ、と。私は側面で男性の身体を支えながら、この指示を繰り返した。イメージ・リラクゼーションからイメージ暴露に変更したのである。これをしばらく続けた。男性の反応を見ていると、続けることにためらいをおぼえるかもしれない。陪席していた奥山滋樹君はどのように感じたであろうか。しかし、続けるのである。男性はその後、弛緩し始めた。これがすべてではないが、男性のトラウマ、トラウマによる行動制限はその後、劇的に改善したと言ってよいであろう。そして完全とも言えるラポールが構築された。

心理療法における払捨とは、あらゆる論理階梯で行うことになる。例えば、小野直広先生が、孫子の兵法からの教えである「逃げの一手は卑怯にあらず」と表現したり、本丸ではなく二の丸あるいは支城を攻めよ、というのもそうである。この男性との面接の場合、男性の反応により、技法を変更したのである。技法の変更にタイムラグはない。一連の流れの中で変更が行われている。払い捨てることができないとイメージ・リラクゼーションがただ単に失敗した、という結果になるであろう。失敗は許されない。面接は確実に成功させることが望まれる。失敗は、失敗していいところで終えるから失敗となるのである。

文献

・若島孔文　2001　コミュニケーションの臨床心理学―臨床心理言語学への招待　北樹出版

9. 先《せん》の先《せん》――エビデンス・オリエンテッド

エビデンス・ベースド・メディシン、エビデンス・ベースド・サイコセラピーなどという言葉がある。私も研究者の端くれであり、エビデンスを作る仕事をしている。もともと短期療法は、効率的で効果的な心理療法に関するプロジェクトから始まった。別の言い方をすると、その効果のエビデンスの提示から出発した心理療法であると言うことになる。ウィークランドら（Weakland, J. H. et al., 1974）の報告では、七二％が平均面接回数七回以内で治療目標を達成、あるいは顕著な改善を示した。また、ド・シェイザー（de Shazer, S., 1985）の報告では、七二％が平均面接回数六回以内でその結果が満足である、としている。

国内においては、小崎・長谷川（2000）は一九八八年十二月から一九九八年十一月まで、小児科外来での受診例に短期療法を実施した小児心身症一三二例（内訳は、不登校四一例、過敏性腸症候群一七例、神経性食欲不振症二一例、遺尿症・遺糞症・夜尿症一五例、その他心身症三八例）のうち、治癒七四例、軽快四七例、不変五例、脱落六例であったことを報告している。平均治療回数は四・四回であった。また、東日本大震災における消防団員のストレス反応に対する短期療法では、平均面接回数一・八三回で、問題の改善が報告されている（若島ほか、2012）。

以上の短期療法における効果のエビデンスは、クライエントの視点において、問題が解決したか、満足な結果が得られたかどうかということに基づいているという点が重要である。また、近年の短期療法の理論と臨床のエビデンスについてはフランクリンら（Franklin, C. et al., 2012）にまとめられている。

今から約二十年前、さまざまな学会で、臨床と基礎研究をつなぐことを主導してきたのは、他ならぬ東北大学大学院の長谷川啓三先生であり、私たちは特に、コミュニケーションに関する基礎研究を多岐に渡り行った。行動療法の内山喜久雄先生も高く評価してくれたものである。私たちが行ってきたのは、効果研究ではない。メカニズムの研究である。

近年の効果研究などを見ていると、ある方法により、不安の得点が低下しただの、抑うつの得点が低下しただのと言っているが、これは心理療法における決定的な効果の実証とは言えないと私は考えているし、複数の学会でもこのことを述べてきた。私が考えることは単純明快である。不安や抑うつの得点が下がっても、例えば、仕事に復帰できないことを問題としているならば、復帰できなくては意味がない。家庭内暴力のケースは、暴力を止めなくてはならない。単純な話である。この単純明快なことを実行していくのが短期療法である。このように、問題が改善したか、あるいは間接的には終結時点での満足度を測定した方がましである。

公認心理師試験の勉強をしていて気づいたが、エビデンス・ベースドの定義が拡張されている。それは専門家の経験もエビデンスに含まれるようになっていることである。経験もエビデンスに含めるのであれば、エビデンスに基づかないものを探す方が難しい。しかし、経験を抜きにするとおそらく成り立たないということであろう。それはそうである。エビデンスは常に後ろから追ってくるものであり、目に前のケースに対しては、エビデンスよりも、発見的で創造的なことが常に必要とされる。だから、少なくとも心理療法においては、エビデンス・ベースドの定義の拡張よりも、エビデンス・オリエンテッドという方がよいであろう。

以前私たち（私と小林　智君）のところへ不登校を主訴として来談したことのある男子中学生がいた。数カ月間の親子カウンセリングの後、不登校状態が解消されたため、終結となっていた。円満な終結を迎えてからさらに半年以上経った後、突然、この少年が相談室に直接一人で訪れた。相談室の受付から突然連絡があり、この少年が相談室に来ているから、早急に来て欲しい、と慌てた様子で私たちのところに電話連絡が入った。相談室には小林君が先に到着し、この少年と再会すると、一見して以前の少年とは別人のように雰囲気が変わっていた。自信に満ち満ちた笑いを浮かべており、話を聞くとシャイで控えめな少年は国家機密を握る重要人物へと転身していた。彼の話を総合すると、母親が自分を良からぬ所へ車で連れて行こうとするので、赤信号で車が駐車したその隙に、車を飛び降りた。すると黒服の男たちが重要人物である自分を捕えようとしてきたので、アクション映画さながらの軽い身のこなしで、歩道橋から飛び降り、着地ぎわを捕えようとする黒服をローリング受け身で躱しつつ、私たちなら匿ってくれると考え、相談室まで辿り着いた、ということであった。

ここまでの経緯を後に到着した私に小林君は説明した。私は母親が到着するのを待ち、到着した母親と少年を同じ部屋に集めて面接をすることにした。私はまずは少年に対して、「食欲はあるか」「睡眠は十分にとれているか」を尋ねた。少年は「食欲があまりなく一日二食で済ませている」「眠気をあまり感じなくなり、一日の睡眠時間が三〜四時間程度である」と明瞭に応じた。こうした少年の様子を聞いて私は「思春期に起こりやすいことだけど、身体のホルモン・バランスが崩れているのかもしれないね。せっかく部活も頑張っていることだし、一度病院へ行って診てもらうとよいかもしれないね。友人の面白い先生がいるんだけど、明日行ってみない？」と話すと、少年は病院へ行くことにすぐに同意した。

ここでブレイクをとり、私は某クリニックに連絡を取り、短く経緯を説明し、明日、予約が取れるかどうかを尋ねた。ドクターは可能であると言う。私はここで強調した。友人であるということと、面白い先生である、ということである。このドクターとはそれほどに親しくなく、また、たいへん真面目な方で面白いとはかけ離れているが、了承してくれた。次の日に、小林君も付き添って、母親が運転、小林君と少年が後ろの席に隣り合わせでクリニックに行った。少年は統合失調症の診断を受け、服薬治療が開始された。この後、母親から聞いて分かったことであるが、母親が車で連れて行こうとしていた場所は、偶然にも、なんとこのクリニックであったそうだ。

エビデンス・オリエンテッド。躁状態の少年を見た私は、その症状の特徴から少年の食欲がないことと、眠気を感じていないことを予測した。一刀流の先の先である。先の先というのは、相手の出かたの方向を読んで、動きの起こりをおさえる、ということである。つまり、予測にのせて、精神科に確実につなぐことを実行した。エビデンス・オリエンテッドは、先の先を可能とする。基本的に心理療法は後《ご》の先《せん》である。後の先というのは、相手の出方を見てそれに応じて動きを制することである。基本的には後の先が正しい。なぜならば、相手が動き出すと同時に、選択肢が制限され行動が決定されているからである。上泉伊勢守信綱の新陰流である。しかし、時と場合によっては先の先が必要である。

このケースでは、また、方便を使っている。欺瞞ではない。方便は欺瞞ではない。欺瞞は自分自身のために偽ることである。方便は心理療法に不可欠であり、欺瞞は心理療法の天敵である。

文献

- de Shazer, S. 1985 Keys to solution in brief therapy. New York: W. W. Norton.（小野直広訳　1994　短期療法―解決の鍵　誠信書房）
- Franklin, C., Trepper, T. S., McCollum, E. E., & Gingerich, W. J. Eds 2012 Solution-focused brief therapy: A handbook

of evidence-based practice. Oxford University Press.（長谷川啓三・生田倫子・日本ブリーフセラピー協会編訳　2013　解決志向ブリーフセラピーハンドブック―エビデンスに基づく研究と実践　金剛出版）・　小崎　武・長谷川啓三（2000）小児心身症に対する短期療法10年間のまとめ　心身医学，40, 143-149.

・若島孔文・野口修司・狐塚貴博・吉田克彦　2012　ブリーフセラピーに基づくスリー・ステップス・モデルの提案　Interactional Mind　V（2012），73-79.

・Weakland, J. H., Fisch, R., Watzlawick, P. et al. 1974 Brief therapy: Focused problem resolution, Family Process, 13, 141-168.

10. ラポール——威力ある言葉

短期療法は初回面接あるいは最初の二、三回で決まると言ってよい。孫子の兵法で言えば「激水の疾くして意思を漂わすに至るは、勢いなり」また「形は水に象る」である。そのためにもラポールについて考えることが重要である。

心理療法に関わる各要因がクライエントの改善に貢献する割合を推定したメタ分析がある（Lambert, M., 1992）。クライエントに関わる変数と心理療法外の出来事が40％、セラピーにおける人間関係が30％、期待感とプラシーボ効果が15％、技法・モデル要因が15％と結論付けている。

セラピーにおける人間関係を共通要因と言うが、大きい要因であることが分かる。共通要因はいわゆるラポールと考えてよい。ラポールということに関して、いくつか考えることがある。まず、私たち専門家の欺瞞がクライエントに伝わるとラポールはうまくいかない。短期療法を実行する専門家に、コンプリメント（ほめること）がクライエントにうまく入らない、どうしたらよいか、ということを訊ねられたりする。このコンプリメントがクライエントにうまく入らない、という言葉に見られるように、コンプリメントを技法として使用していることが欺瞞をクライエントに伝えるという結果を導いているのである。欺瞞は心理療法の天敵である。カール・ロジャーズ（Carl Rogers）は、純粋性、自己一致ということを述べているが、これはセラピストの欺瞞について述べているのではないだろうか。

次に、ラポールについて、人間関係の構築というのはやや抽象的なので、私は言葉（非言語を含む広義の言葉）の影響力という言葉を用いたい。セラピストのクライエントに対する影響力、また、子どもの問題に取り組む学校教員であれば、その先生から子どもへの言葉の影響力を考えていく。言葉によって影響するためには、注意を向けることができることがまず大切である。私は犬の訓練士でもあるが、犬の場合も、影響を与えるには、まず注意を向けてもらう必要がある。

学校を休むことがあったり、家庭での問題行動が目立つ男子小学生がいた。この少年に手を焼いた母親が、イベントで開催された相談会に少年を多少強引に連れてきた。多少強引に連れて来られたこともあってか、アスペルガー障害（母親談）のためもあってか、当初、少年は不機嫌そうな表情をしており、私たちに対して顔を向けることはなかった。私たち（私と小林大介君）は受付から相談室までの移動する中で、少年の特徴である、頭の良さなどをコンプリメント（賞賛）した。面接室に到着し、面接を開始する頃には、少年は私の言葉に注意を向け始めていた。母親から語られた問題は、学校を休むことがあったり、家での母子での口論についてであった。
特に母親は少年との口論に困っていた。口論は、学校に行くように話したり、カッターを持って外出することを注意することで始まった。口論の様子を尋ねると、母親がしつけとして少年を注意すると、少年が論理的に反発するというパターンであることを分かった。「前なんか五時間も経っていたんですよ」と、この口論が長く続き、母親は疲弊していた。カッターを持ちだす理由については、「危ない人も多いから自衛のため」とのことである。

面接中にも母親の話に対して、少年が「だって〜だし」「だって〜じゃん」のように論理的に母親の発言を否定する様子が観察された。これらを踏まえ、私は「確かにちょっと変わっていますが、非常に頭がよい息子さんだと思いますよ。私の研究室にもお子さんみたいな人がたくさんいるんです」と伝えると、母親は「そうなんですか！」と笑い、陪席していた小林君も同意した。ＩＰの表情は明るくなり、私の言葉に対する注目はより強いものとなっていた。そこで、少年に対して「将来、私の研究室に来るかい？　ちょっと勉強しなきゃいけないけど」と伝えると、「うーん」と悩みながらもまんざらでもない様子であった。それを見て、母親が「この子、哲学書とかよく読むんです。そういう領域には関心があるかも」と話し、少年は「カフカとかよく読む」と語った。私たちは「えっ！」と驚きを伝え、「確かにそんなお子さんだったら学校ちょっと退屈かもね」と私たちは顔を見合わせた。

その後、カッターを持ち出す話に戻り、私は「カッター程度じゃ自衛にならないよ！　刃が先に折れちゃう。どうせならやっぱ、日本刀でしょ！」と伝えると、笑いが起こった。その後、少し真面目な表情で「ただやっぱり刃物はちょっと危ないかもね」と伝えると、少年も同意した。続けて、口論に五時間もかかることについて、私は少年に「疲れない？」と聞くと、「疲れる。じゃんけんがいい」とこぼした。そこで、私は「財布持ってる？」と少年に尋ね、「提案なんですけど、ここに10円があります（目に10円を当てて、目の瞼で10円を挟んで眼帯のようにして）。毎回口論していては、二人とも疲れちゃう。だったら神様に頼みましょう」と、10円を見せて、コイントスについて詳細に説明した。そして、「意見がぶつかったときにはコイントスで決めてみてください。もちろんさっきの刃物みたいに危なくない時ですよ」と伝えると、母親は「助かります」と、少年も「その方がいい」と応じた。

この相談会はイベントであったため、アンケートを実施していた。アンケートを確認すると、来談のきっかけに、少年は「親に連れてこられた」と書いていたが、相談してみてどうかという質問項目に対しては、親子で「とてもよかった」「また面接を受けたい」に○を付けていた。また、少年は自由記述欄に「楽しかった」と書き、母親は「たくさん褒めていただきありがとうございました」という感想を書いていた（若島ほか、2019）。

この少年の行動ではなく、その存在を肯定的に見る私たちはこれまでに少年が会ったことのないタイプの大人であったと推測できる。そして、少年は私たちの言葉に注意を向けるようになっていく。そして、その後も聞いたことのない、少年の予想を裏切る言葉を使用している。日本刀など、まともな大人が言う類のことではない。そのようにして作り上げられていく影響力の中で、最後に課題が出されている。

文献

- 若島孔文・上埜高志・加藤道代・安保英勇・吉田沙蘭・奥山滋樹・亀倉大地・小林大介・千葉柊作・二本松直人 2019　無料相談セミナー活動報告—アンケート集計から　東北大学大学院教育学研究科臨床心理相談室紀要、17, 167-171
- Lambert, M. 1992 Psychotherapy outcome research: Implications for integrative and eclectic therapists. In: Goldfried, M. & Norcross, J.（Eds）Handbook of psychotherapy integration. Basic Books, pp.94-129.

11. 欺瞞　純粋性と自己一致

先にも述べたが、ラポールを妨げる要因はセラピストの欺瞞である。欺瞞はクライエントに簡単に見抜かれてしまう。純粋性と自己一致は、ラポールにおいて、とても大切な要因となる。だからといって、それだけでクライエントの問題や症状が改善するわけではないことは付け加えておかなくてはならない。

あるとき、女子高校生が母親とともに来談した。拒食の問題を持つ。炭水化物がほとんど食べられないのである。問題や症状をだいたい聞き終えた後、私は雑談を進めた。「あ、その高校の近くにコンビニエンス・ストアあるよね」「はい、コンビニA《エース》です」などとコンビニネタで盛り上がった。すると、陪席をしていた張新荷さん（現在、中国・西南大学の教員）が「私、コンビニAでバイトしています」などと語った。張さんは他ならぬ相談員である。相談員がコンビニでバイトしているということは言わないほうがよいであろう。しかし、もう遅い。ここで、その話を止めると場がしらけてしまうので、このネタを進めることにした。私は「そうなんだ。コンビニAでは何がおすすめなの？」と張さんに尋ねてみた。すると、「コンビニAは手作りが売りなんです」「で、どんなものがおすすめ？」「はい、おにぎりセットが一番のおすすめです」

ここで私は張さんに突っ込みを入れた。

「だから、炭水化物が食べられないって言ってるじゃないの！」と。

すると母親が「いえ、おにぎり……食べます」。私は「お母さんは食べられても、ねぇ」と娘さんの方を向くと、「おにぎり、食べてみます」と話し始めた。これでこのケースが解決したわけではないが、張さんの欺瞞のない言葉と、純粋な態度がクライエントにぐっと伝わり、ラポールが形成されていく過程を目の前で見ることができた。

12. 注意を向けること

過敏性腸症候群の診断を受けた男子高校生が母親とともに来談した（参考として、Kobayashi, D. et al., 2016）。心療内科からの紹介である。私たちの面接は3回行われ、そして終結に至っている。学業・部活ともに秀でた青年である。青年は、幼少時から継続的な腹痛を訴えており、「この痛みから解放されるなら相談に行きたい」という意気込みで来談したことを語った。

また、心療内科にて腹痛はストレスが原因と言われたことに不満を示していた。青年によると、「学業や人間関係でも部活でもストレスとか感じたことないです」とのこと。それに対し、私は「何がストレスか、私は知っているよ」と伝えた。青年は戸惑ったことであろう。青年がストレスはないと話しているのに、しかもストレスが原因であると言った心療内科のドクターに不満があると言っているにもかかわらず、私がそのように伝えたのである。ここで青年は私の言葉に注意を向けることとなった。

私はストレスの原因について、完全な答えを持っていたのである。次のようにその完全な答えを示した。

「お腹痛いこと、それ自体がストレスでしょ」と伝えた。
「たぶん……そうかもしれないです！」と同意した。いや、同意せざるを得ない完全な答えである。その後、私は次のように伝えた。「私はこう思っていて、神経質って先生に言われたらしいけど、お腹が悪いからそれに意識がいって、さらにストレスが悪化しているんじゃないかなって。というのは、男子は特に中学生や高校生で神経質っぽくなるんですよ。それがずっと続くってことはなくて、ほとんどなくなるんです。他にも、よくあるのは膝の痛みとかね」

青年は以前、膝が痛かったこと、そのときは腹痛がなかったということを語り、同意した。そこで私は母親に「お母さん、せっかく面接に来たんで、何か家でできることはありますか？　ほめるとか優しくするとか今までもやってこられたと思うし、まともなことやってても良くならないんで。身体の痛みが他の身体の部分に移ると嫌なので、お母さんからこころの痛みを与えるのはどうでしょう？」と伝えた。母親は笑った。母親は息子の問題は自分のせいではないかと気にしていた。罪悪感や自責から解放されるための言葉であった。ここでブレイクをとった。

面接を再開し、私は腹痛がお腹に意識を向けることによって悪化していくことを説明し、「意識するなって言っても、意識しちゃうでしょ。これまでと違うアプローチをして意識の向き方を変えよう。違和感があるよね。そこでお腹の痛みに『あばれる君』（お笑い芸人）って名づけたいと思います。（腹痛に対して）ふざけんなよって思っているでしょ。違和感を感じたら、『あばれる君！』って声をかけて、『暴れたいだけ暴れてみろ！　お前みたいなやつが暴れたっておれはいいんだ！　来いよ！　暴れてみろよ！』って。今まで集中を妨げられてもずっと打ち勝ってきたし、全然大丈夫、勝ってきた事実があるので、『やってみろよ！』ってやってほしい」と伝えた。青年と母親は当初、呆気にとられた表情をしていたが同意した。

第二回面接で、介入課題について確認すると、最初の一週間は痛みが楽になったことが報告された。青年は「最初はこんなの効くのかと思ったけど、実際にやってみたら痛みが来ることに対して準備ができた感じで、楽しみというか『早く来い！』って感じでした」と語った。また、その後に効果が弱くなった点について修正案を自ら提案したので、私はそれを支持した。

第三回面接では、腹痛がほとんど気にならなくなったことを報告した。そして青年は語り始めた。「この痛みが制約なんじゃないかなって思えるようになりました。この痛みがあるから逆に勉強に集中できるし、誰しもがハンデを抱えている中での自分のハンデなのかなって考えるようになりました」

私は「今、結構良くなってきているでしょ。でもそれはあまり周りに言わない方がいいよ。つまらない授業ってあるでしょ。そういうときにお腹痛いのを使って、教室を抜け出すのもありだと思う」と伝えた。すると、「そうですね。今までも使うことはありました」と笑って語った。最後に「今まではなくなればいいのかなって思っていたんですけど、50でも10でも減らせればいいのかなって思います」と青年は語り、面接の終結へと至っていった。

高校生の年齢になる息子のひきこもりを主訴として母親が来談した。息子さんはこれまでにも医療機関でカウンセリングを受けた経験があり、「カウンセラーなんてたいしたことないから言いくるめることができるし、カウンセリングなんて行ってもしょうがない」と母親に話していた。私は初回面接の最後に次のような手紙を書いて、母親から息子さんに渡してもらうことにした。「君にはしばらくカウンセリングに来ないで欲しい。君のような優秀な人と話す場合にはこちらとしても準備が必要なので、しばらくは来ないで下さい」

私が「来ないで欲しい」と手紙に書いているにもかかわらず、第二回面接に、息子さんが来談した。母親は話し始めた。「本人が会いたいと言いまして。一人で話したいそうです」。私は「打ち負かされそうで怖いので最初は一緒にお話ししましょう。怖いじゃないですか」。その青年は笑った。そこからは青年がいかに好青年であるかを見せつけるような展開で面接が進んでいった。私はブレイクの後、次のように切り込んだ。「みんな騙されているんだと思うんですよ。私だけが気づいているんじゃないでしょうか。本当に好青年なんでしょうか。小さいころから人に気を遣っているということは好青年だと考えられているのかもしれませんが、私は彼を筋金入りのワルにしようと思うんです」「私たちの努めは、彼をワルにするということです。ワルになるというのは、『お母さんが~だから、お父さんが~って言うから』みたいなことを平気で言ってのけるような人のことです。人のせいにしてしまっていることを分かっていてどこか居心地悪く感じてしまうのはワルとは言えませんね。ワルにさえなれればここに来る必要はないでしょう」

青年は言った。「僕もそう思います」

青年はこのすぐ後に学校に入った。青年が「相談したい」と言って来談を希望したが、私は「学校を休んでまで来なくていい」と伝えた。注意を向ける言葉について参考になっただろうか。

文献

・Kobayashi, D., Takagi, G., & Wakashima, K. 2016 Approach to a stomachache: The case of teenager was diagnosed with irritable bowel syndrome. International Journal of Brief Therapy and Family Science, 6(1), 11-20.

13. 意識の向き方を変える

東日本大震災が二〇一一年三月一一日に勃発した。ここ仙台も多くの被害が出た。津波にあった人々のたくさんの遺体。そんな中で活動した消防団の男性（四〇代）が来談した。震災後、三、四カ月が経過していた。男性が語るには、震災の消防活動をして以来、心臓の辺りがざわざわすることが続いているということであった。軽い心臓神経症である。軽度のパニック障害とも言える。

男性は次のように質問した。「これは病気でしょうか？」

私はすぐに応じた。「そのことに対して否定的になったら、病気になるかもしれないです。でも、否定的にならなければ治るでしょう」。男性はこの言葉で私に注意を向けるようになる。「良い方法がありますが、それをやるということならば、それをお伝えします」と述べて、ブレイクをとった。介入課題は会話の途中途中で出してはいけない。インパクトを失い、単なる話のネタ程度になってしまう。すぐに出さないこと、ブレイクをはさむことなどがインパクトをつける方法である。

ブレイク後、その男性は実行するので、教えて欲しいということを語った。私は次のように述べた。「エロ本を数冊買ってください。そしてすべてを確認し、ご自身が気に入ったページを千切って、それをポケットに入れておいてください。胸の辺りがざわざわしたら、それを見て、ざわざわして欲しいのです」

男性はたいへん興味を示して、笑顔になった。「やります！」と言い残し、面接室を退室した。この介入課題はパラドックスである。ざわざわを止めるのではなく、ざわざわを楽しむのである。

約二週間後、男性は来談した。もう治ったということであった。男性は、インターネットでエロ画像を探して、その画像をスマートフォンに保存したと、自身の工夫を語った。あるとき、心臓の辺りがざわざわしたので、スマートフォンを取り出そうとした。そのとき、私がそのような奇妙で下品な課題を真面目に話していたことを思い出し、おもわず噴き出したと言う。すると、ざわざわは治っていたと言う。それ以来、胸のざわざわは消えてしまったそうである。ざわざわしたときに、意識をそこに向けていたパターンに、面接時の会話を思い出し、噴き出して、ノイズ（雑音）が入り、意識の向きが変わったのである。私は約二十年前、長期間パニック発作に悩む男性に、症状（最初は目がくらくらして、頭に血が上る感じになり、心臓がどきどきする……というパターン）が出そうになったら、子どもさんと一緒に逆立ちをするという介入課題を出して、成功した事例を報告している（若島ほか、1999）。非意図的に頭に血が上るとき、意図的に逆立ちで頭に血をのぼらせるというパラドックスである。パラドックスの基本的な方法は、非意図的なものを意図的に実行させることだ。

さて、先の男性はこんな素晴らしい相談室があることを市民にあまり知られていないのではないか、とやや失礼な誉め言葉を述べて、もっとたくさんの人々に知ってほしい、周りに宣伝したいと話した。とても楽しい面接で、家族にも話して盛り上がったと言う。私は、このエロ課題のことも、まさか奥様に語ったのではないかと訊ねた。すると、もちろん話したと言う。そして、今後、家でエロ本やエロＤＶＤが妻に見つかったら、相談室の課題だと言えるとユーモラスに語って、面接を終えた。

文献

・若島孔文・三澤文紀・生田倫子・松橋仁美・佐藤宏平　1999　パニック発作を伴う不安神経症の2事例における逆説指示の効果　家族心理学研究、13, 49-62

14. 介入課題はシンプルに

五〇代の主婦の女性が来談した。遠方に就職した息子がパニック発作を起こしたことから話し始めた。息子にどのように対応したらよいか悩み、マイナス思考の悪循環に苦しんだ。介入課題を提示して行動を促し、全七回の面接で終結したケースである。古田靖子さん（現在、東京都心理職）が陪席者であった。

第一回から第三回面接では、都会の会社に就職した息子が入社後すぐパニック発作を起こして会社へ行けなくなり、息子の住まいの比較的近くに別居していた夫と、息子より先に都会に就職している娘（姉）で、息子を実家に連れ帰った。学習障害傾向を有していた息子をこの女性は必死に育ててきた。それだけに、息子が就職したことをとても喜んでいた。それにもかかわらず、このようになったことに落ち込み、自分の育て方が悪かったのではないかと自責した。別居状態だった夫の熱心な対応にも戸惑った。妻の子育てを夫が攻めるのではないかと考えていたが、夫は妻を責めることはなかった。

私は息子さんが学習障害を持つにもかかわらず、ここまでよくやってきたのは、母親の育て方が功を奏したことを伝え、今は息子さんを元気にすることが必要と話した。息子さんはその後、会社の部長と面談して、自主的に退職した。母であるこの女性は息子に、再就職は体調を整えてからと諭したが、その一方で世間の体裁も気にしてしまうことに気づき、自身が二重人格であることを責めた。私はこうした二つの考えを両方持つ方が人間らしい、とコメントした。

第五回から第七回面接では、息子が夫と仕事について話す時間が増え始めた。女性は夫を否定的に見ていたので、初めは気まずさを感じたが息子の仕事のことは夫に任せようと考えるようになった。でも実際には、息子の就職のことに口出ししてぶつかることもあり、不眠に陥った。

私はこの女性のマイナス思考に着目し、奇跡の質問を行った。それをもとに、一日の予定を決めて行動してみること、活動してみることを提案し、夜、眠れないときには、お笑いが好きであるという息子さんとお笑いのＤＶＤを観ること、寝ようとして寝れず頭に思い浮かんだことをノートに記録することの二つを不眠に対する介入課題とした。

実はブレイク時に、不眠に対する課題を陪席者の古田さんと議論していた。不眠課題の前者（お笑いが好きであるという息子さんとお笑いのＤＶＤを観ること）は私が考えたものであり、後者（寝ようとして寝れず頭に思い浮かんだことをノートに記録すること）は古田さんが考えたものである。私は自身の考えた介入課題がより高級であると考えていた。それは眠れれば良いし、眠れなければ息子さんと楽しい時間を過ごしてコミュニケーションを深めることができるからであった。いわゆる、治療的二重拘束である。

最終面接で、この女性は息子が大学で学んだ分野の会社の選考が進んで少し安心できていること、娘の住む都市に遊びに行って息抜きできたこと、そして介入課題を行い不眠も改善したことが語られた。とりわけ、古田さんの考えた介入課題が劇的に効果的であったと話した。私はここで悔しい思いをしたのである。悔しさはさておき、夫との距離も丁度よいこと、考えがちでも娘さんのところに遊びに行くなど、これからも活動することを続けるように伝えて、終結となった。

私は理論を駆使した高級な介入課題が必ずしもクライエントの改善に対して効果的とは限らないことを痛感した。おそらく、基本的には介入課題はシンプル・イズ・ベストなのである。そして、たくさんの課題を出すことも、今ではなくなった。一つか二つで十分である。たくさんの課題を出すのはクライエント・ファーストではないのだ。ただし孫子の兵法「正と奇」は必要である。直接的介入と間接的介入（パラドックス）というバリエーションは忘れてはいけない。

15. 介入課題を創造する思考プロセスの一例

中学一年の息子が年中ゲームばかりしていて勉強をする様子もない。将来のことを考えて何度も叱るが、口では「分かった」というものの変わる様子がない。どうしたらよいかと両親が訴えた。このようなケースに対して、皆さんはどう考えるであろうか？

まずゲームを止めさせたからといってそもその問題が解決するとは思えない。仮にゲームを止めたとしても、あり余った若いエネルギーをおとなしく学校の勉強に向けるとは限らず、もしかしたらエッチな勉強にそのエネルギーを注ぐだけかもしれない。

つまり今回の問題で大切なことは、「ゲームを止めさせるかどうか」ではなく、勉強などの「やるべきことをさせる」にはどうしたら良いかを考えることである。

そこで、お子さんとの間で「やるべきことをやれば、一時間（あるいは二時間でも三時間でもいい）みっちりゲームをして構わない」さらに「休日の前の日は好きなだけゲームをしてよい」「ルールを破ったら次の日はゲームはしてはいけない」というルールを作る。ルールを破ったらアダプター（あるいはバッテリー）だけをお父さんが会社に持って行く（簡便に実行できる）。

休日前にお子さんがゲームをしていなかったら、あえて「せっかくの休日前なのだからもっとゲームをしなきゃもったいないよ」と何度も声かけしていく（パラドックス介入）。そしてお子さんがゲームを楽しんでいる間、お母さんはお父さんとのラブゲームを楽しむ。

以上が介入課題を創造するセラピストの思考プロセスの一例である。参考になるであろうか。

16. ユーモア

ここまでいくつかのケースを示したが、ユーモアを感じさせるケースを目にしたことであろう。長谷川啓三先生からの短期療法の教えはユーモア至上主義である。言い過ぎか。そのような中で、過去、私は心理療法における安全なユーモアは自虐であると考えていた。今は違う。

母親、父方祖母、母方祖母という珍しい組み合わせで来談した。私はこのメンバーで面接を進めて大丈夫かを問い、「両家のお母さん同士ってたいがい仲が悪いですよね」と祖母たちのことをいじってみた（突っ込み）。面接に参加していた人々は、陪席者であった富田悠斗君を除いて、声を出して笑った。富田君は張り付いた笑顔で緊張を示した。そして、父方祖母が母方祖母の方に、「私たち仲がいいよね！」と問いかけ、母方祖母はそれに同意した。私はここで次のようにさらっと言った。「まあ、表面的にはそうでしょうけど、裏ではねぇ」。ここでより大きな笑いが生じた。

孫子の兵法では「謀を討つ」と言う。意外な言葉で、クライエントがどのように関係を築いていけばよいのか、また、抵抗の仕方すら分からなくする。「何回ぐらいの面接で治ればよいですか？」「私は好きじゃないけど、フロイトという有名な人が……と言ってるけど……」「良くなっていることを私以外には内緒にしておいてください」「学校に爆弾でも落ちてくれたらいいのにね」などなど、謀を討つ言葉はさまざまだ。これらはユーモアを導くものでもある。

先の母方の祖母が孫の不登校の原因として、母方祖母の家に長年飼っていたポチの死について話し始めた。孫はお祖父ちゃんのせいでポチは死んだと母方祖父を泣いて責めたという。実際にはポチは高齢犬であった。私は「そうですか。実際、子どもさんにとって飼い犬が死んでしまうというのは、下手したら、お祖父ちゃん、お祖母ちゃんが死ぬより悲しいものです」と話した。面接に参加している人たちは、富田君を除いて、爆笑した。謀を討つ言葉であるが、彼には暴言と聞こえたかもしれない。

面接場面で自虐はむしろ不適切である。なぜ自虐が不適切かというと、それは簡単な話である。例えば、私がクライエントに「や～、私が面接して良くなったためしはないんですよ！」と語ったならば、クライエントは「いえいえ、そんなことはないでしょう、またまた」と気を遣うことになり、笑えないのである。自虐的ユーモアは実は心理療法の中ではクライエントに気を遣わすことになるのである。突っ込みの方が笑える。しかしながら、セラピストが二人いる場合は、自虐するセラピストをもう一方のセラピストが突っ込み、笑いをとる連係プレイがとれる。これも自虐というより、第二のセラピストの突っ込みが笑いを導くことになる。

小学校低学年の娘を連れて母親である女性が来談した。娘が癇癪を起こし、困っていると言う。例えば、学校に着ていく服について「どっちがいい？」と娘が問い、母親が「こっち」というと、娘は「えっ、でも……」、母親は「どっちでもいいよ」などとコミュニケーションが進行して、癇癪に至るという話である。

東日本大震災後の放射能漏れの影響から母親とともに母親の実家近くに避難し、その地域の学校に通っている。学校では成績もよく、運動もできて、転校生ではあったがリーダー格である。私はこの娘さんの頭の良さに目を見張った。「娘さんはある意味、発達障害かもしれません」。謀を討つ言葉である。母親も娘さんも続く言葉に注意を向けた。「精神年齢が実年齢より高すぎるのです。娘さんの精神年齢は思春期にあります。娘さんはＩＱが高すぎるのです」と続けた。

娘さんはすごく満足そうな表情を示した。そして、母親は「私はこの子にどんなことをしたらいけないのでしょうか？」と私に問うた。母親はさまざまなことを試してきたが、娘の癇癪が改善しないと言う。私は再度、娘さんの知的能力をコンプリメントし、「お母さまが娘さんにどんなことをしたらいけないのかは分かりません。でも娘さん自身はそれを知っています」と述べ、陪席していた板倉憲政君（現在、岐阜大学の教員）に紙とマジックを用意するように指示した。

私は紙にマジックで「×」を描き、娘さんに手渡した。「お母さんが嫌なことをしたらそれをお母さんに示しなさい」と。娘さんは喜んでその紙を受け取り、自らの筆記用具を使い、その裏面に「ＳＴＯＰ」と英語を書き、母親と私に示した。次の面接で、私は娘さんにその紙を何回使ったかを訊ねた。すると、一度も使わなかったと言う。娘さん曰く「お母さんが嫌なことを何もしなかった」そうである。私はここでコンプリメントはしない。母親に対しては無理しているのではないかなどを問いながら、コンプリメントした。では、この娘さんには何をしたらよいのか。それは顔芸をともないながらの突っ込みである。「え～なんで使ってくれないの～、せっかく作ったのに、もっと使ってよ！　次回までに必ず使ってよね！」ここで大きな笑いが生じた。

コンプリメントしたらこの介入課題が二度と使えなくなる。突っ込みであるダメ出しこそが、この介入課題に命を吹き込むのである。どうしてそう言えるのかはここではあえて説明しない。ぜひ考えてみて欲しい。さて、このケースは、こうしたパラドックス介入の後、母親はこの娘さんの扱い方を少し理解し、面接は終結となった。

両親が息子の不登校の問題で来談した。母親が父親から息子に進路についてどうするかを働きかけることを求めた。父親は困ったという表情で話を聴きながら、少し良い方向に来ている息子がまた悪い方に行くのではないかと不安を口にした。両親はこのように別の訴えをしながら、私の反応を求めていた。私はサブセラピスト（誰か忘れたが）に、「お母様は○○というし、お父様は××というし。どうしよう？」と問いかけて二人の様子を見た。母親も父親も自分たちの相互作用や正反対の訴えをしてセラピストを困らせたことに気づき、笑いはじめた。そして最終的に、父親は自分の考えを息子に説明することを決断した。ここでのユーモアはセラピストが困ることであった。これはやや自虐か。そして笑いが生じて、これまでと違う循環が生じたのである。

ユーモアや笑いは、どんなケースでも生じる可能性があるし、ユーモラスな介入課題も有効である。

17. 正常なモデルや完全なモデルを想定しない

生命は個性的であり、多様性があるというのが前提である。短期療法の前提は人間の多様性にある。正常なモデルや完全なモデルなるものを想定していない。だから、直そうとするよりは活かそうとするという姿勢で心理療法が進んでいく。ここが認知行動療法との大きな違いでもある。

そもそも、生まれつきの気質は大きい。幼児期に難しい気質の子どもは、その後もさまざまな困難をその都度経験すると言うことがわかっている（Thomas, A., Chess, S., & Birch, H. G., 1968）。私は犬をブリーディングしているが、生まれてすぐに同じきょうだいであっても、まったく異なる個性を示し始める。たくさん離乳食を食べてそのまま離乳食の上で寝てしまう育てやすい気性の子犬、外界に関心があり食べ物にあまり興味を示さない育てにくい気性の子犬。

犬の場合生まれつきの気性は大きい。この気性を土台として、さまざまな学習や問題行動が生じる。ブリーダーや訓練士は、犬の問題行動を飼い主の責任にし過ぎている。一方で、飼い主によるしつけは大切である。しつけが容易か困難かは気性など生まれつきの個性が大きくかかわるということである。犬の養育やしつけが上手い下手は、飼い主によりすごく大きな差がある。ハウスが好きになる、ハウスが大嫌いになる。庭から外に出ようとする、庭から外に出るときは待つ。ほんの少しの接し方の違いでも大きい違いを作るが、飼い主の上手い下手はすごく大きい差がある。

人間が全く犬と同じというわけではないのは当然としても、人間の場合も子どもの行動を親の育て方や養育の責任にし過ぎているところがある。一方で、犬の養育やしつけ同様に、上手い下手の差が大きいことが当然予想される。しかし、人間の場合、犬ほどは大きな違いを作らない。これを私は学習の固さと呼んでいる。犬は人間よりも学習が固い。養育やしつけの違いは犬の方が人間よりもより反映される、という意味である。

さて、巷では良い大学に入ったり、良い企業に就職したり、優秀なスポーツ選手になったりすると、親が「子どもには勉強しろと言ったことがありません」「子どもを叱った覚えがありません」などというコメントや本を目にする。これはもともと育てやすい子どもたちであったのではないであろうか。難しい子どもを持った親にとってはあまり参考にならないコメントや本である。

自尊感情や自己効力感が高いことは低いよりも精神的健康度が高い、という研究がある。このエビデンスを個別の事例にすぐさま応用しようとするのは、勘違いである。あくまでもこれは研究であるに過ぎない。すなわち、そのような全体的な傾向を示しているのだ。自尊感情や自己効力感が高い人を思い浮かべてみて欲しい。トランプ大統領とか。学校のクラス全員がトランプ大統領みたいになることは望ましいことではないであろう。自尊感情が高くても、低くても、中くらいでも、自己効力感が高くても、低くても、中くらいでも、構わない。

生命は多様であり、さまざまな個性がある。正常なモデルや完全なモデルは平均値に過ぎないか、あるいは単なる幻想の姿である。正常なモデルや完全なモデルをセラピストが強く持つと、人の欠落した部分ばかりに目が行くようになる。人の欠落した部分ばかりが見えるとき、カール・ロジャーズ（Carl Rogers）が述べた「無条件の肯定的関心」をクライエントに示すことは困難になるであろう。

短期療法は症状や問題や個性を正そうとするよりも、活かそうとする姿勢から始まる。それが例外の発見やリフレーミングにつながるのである。佐藤克彦先生は言った。神からみれば、人間は皆、不完全である。子どもも親も学校の先生も私たちセラピストも当然のごとく不完全なのである。そして、不完全であってそれでよいのである。佐藤克彦先生によると、「だって人間だもの」ということになる。

文献

・Thomas, A., Chess, S., & Birch, H. G. 1968 Temperament and behavior disorders in children. New York, New York University Press.

18. 診断名の拘束力

私は診断の機能に関心を持つ。私の研究室では、うつ病という診断名が他者に与える影響を実験研究しているところである。ここで示すのは、診断名が診断された個人に与える影響についてである。もちろん他の家族メンバーへの影響、拘束力も見ることができるであろう。

四〇代の女性が知人の紹介として、私のもとへ来談した。家族構成は、来談者、夫、そして高校生の息子である。女性の相談は、息子が親に隠れて精神科クリニックを受診したことについてであった。

息子さんは自分自身がＡＤＨＤなのではないかという認識を持ち、親に隠れて精神科クリニックを受診していた。クリニックのスタッフが書類を渡し忘れて、自宅に電話があったことから発覚した。精神科クリニックでの息子さんに対する診断はＡＤＨＤの傾向というものであった。コンサータ（10 mg）、スルピリド（100 mg）、エチゾラム（0.25 mg）が一日一回で処方されていた。

薬を処方されたことを知った父親は、「くだらない。診断は間違っている」と息子さんに言った。その翌日、息子さんは初めて学校を休んだ。現在、息子さんは家族と一緒に食事するようになったが、食事中もほとんど話をせず、食事が終わるとすぐに自室に戻ってしまう。そんな息子さんを母であるこの女性はとても心配していた。女性は息子さんが高校に入学し、周囲と比べて勉強ができずに、初めて挫折したのではないか、そして、診断を言い訳にして薬を飲めば大丈夫という考えになったらよくないと心配した。

私は「ここに相談に来て、何がどのようになったらよいですか？」と尋ねると、母親は「息子にどのように接したらよいかわからない。腫れ物に触れるようでも、そのままにしておくでも、手をかけるでもだめなような気がしている」と話した。一通り話を聞いた後、私はこの女性と夫（父親）にやって欲しいことを二点伝えた。

一つ目は、病院・診断の話に区切りをつけることである。薬のことで、息子さんと両親がぶつかり、息子さんにとっては悩みが増えた状態になっている。薬のことや病院での相談の内容について話さなくてよいから、せめて病院に行くことだけは報告するようにと、両親から息子さんに伝えて欲しい。二点目は、診断名は彼の心が傷つかないように守ってくれている可能性がある。もし息子さんが学業において挫折しているのならば、彼は自分の能力や努力できないことなど自らを責めてしまう可能性がある。少なくとも現時点では、診断名はお守りなので、両親が診断を否定するようなことを決して言わないこと。息子さんは診断を受けることで、自尊心の傷つきを免れたので、両親は息子さんを見守ることが大切である。

さらに両親は、処方されている薬物の身体依存性の高さを心配していた。「私たちは親として、薬は心配。どういう経緯で診断がついたのかを病院に聞きたいが、ダメですか？」と尋ねた。私は「もしクリニックの医師と会うならば、親としてできることを知りたいというスタンスが大切である。息子さんの診断を疑うことで、息子を疑ってしまうという図式を避けるように」と伝えた。そして第一回面接の最後に、「もしＡＤＨＤの傾向があったとしたら、今の高校に進学するために、そのハンデを補うだけの努力をしてきたということ」と伝えると、「息子に今日まですごく努力してきたのねって伝えたい」とのことが語られた。

第二回面接では夫婦（両親）で来談した。私が父親に来談を促したからである。妻から話を聞くという流れで、意図が伝わっているかが確かではなかったためである。私は前回の面接から今に至るまでの息子さんの様子について尋ねると、服薬を続けているが、家族との会話に参加するようになったり、笑顔が見られるようになったり、第一回面接の時期に比べて、穏やかになったことが語られた。さらに以前（第一回面接の前）、両親と息子で話をしたとき、「親としては心配だからセカンドオピニオンを受けて欲しい」と伝えると、息子さんからは「自分で判断して行動しているのに、親がそのように何で決めようとするのか」と反論されたということが父親から語られた。

私は「他のクリニックや病院で診断を受けることを息子さんが拒む理由は、もしADHDではないと診断されたら、今のつまずきの原因が自分の能力や努力の問題となってしまうからかもしれない。息子さんがそのことで今以上に深く落ち込むと、高校を休むなど、さらなる問題が起きてしまうかもしれません。当面、落ち込まないようにサポートすることが大切です」と再度、伝えた。

現在のIPの問題は朝起きることが難しいことであったが、母親は優しい口調で起こし、父親は朝、息子さんに「大丈夫か？」と声をかけてサポーティヴに接している。父親は「私は息子にどのように接すればよいですか。心配し過ぎもダメですよね」と私に尋ねた。私は「気持ち悪いくらい（過剰なくらい）にサポーティヴに接して、『僕はそこまで悪い状態ではない』と思わせるのはどうでしょうか？」と提案した。息子さんに対するパラドックスである。さらに父親から息子さんを来談させたいとの希望が語られた。それに対して、私は「意味づけが大切。あくまで『心配だから』というスタンスが必要。息子さんの来談は今すぐではなく、両親がクリニックの医師の説明を受けてからでもよい」と伝えた。

約一カ月後、母親から電話があり、母親と息子で来談するとのことで、第三回面接は、母親と息子が来談した。私は少し合同面接で話を聴いた後、息子さんと個人面接をすることにした。陪席者は二本松直人君。私が息子さんに困っていることを尋ねると、「勉強に集中できないこと」「精神科クリニックから処方された薬を飲むと、漫画やテレビに注意をそらされることなく、勉強に集中できること」を話した。私は「勉強に集中できるようになれば、薬は必要なくなるの?」と問うた。息子さんは「勉強に集中できるならば、薬は必要ない」ときっぱり応えた。この面接の目標は、彼が薬を飲まなくても、勉強に集中できることとして、私たちで共有された。さらに、コンサータの作用・副作用について説明すると、「そのような問題があるのに驚きました」と笑みを浮かべて応じた。息子さんは聡明で誠実、力強く、申し分のない青年であった。

息子さんの日常生活は過酷なものであった。早朝に自転車で登校し、クラブ活動(運動部)の朝の練習、授業、クラブ活動、帰宅、夕食、入浴、勉強、就寝という生活。そして平日の週に二日は塾で勉強していた。私は「忙しすぎない? 疲れると集中できなくなる。来年受験だからそのとき一番いい状態を持ってこられるよう、休みを入れた方がいい」と伝え、二点課題を出した。一つ目は勉強しない時間を作ること。メリハリをつけることは社会人になってからも求められる能力であることを伝えた。二つ目は、塾に行かない日は、入浴の前に勉強をすること。入浴後は副交感神経が働き、リラックスモードになってしまうので集中できなくなることを説明した。

次に私は母親と個人面接を行った。母親は「以前まで息子に問題があるとはまったく気がつかなかった。職業柄ADHDについて知識を持っていたが、まさか自分の子どもがコンサータを飲むようになるなんて驚きです」と話した。母親の生活はというと、息子の心配が始まって以来、睡眠時間が減っていた。私は「高校生が一人で精神科クリニックを受診するのはすごく勇気がありますね」と伝えると、「親に言わないことはショックでした。でも自分で決めるという意味では自立の一歩なのかもしれない」と、涙をハンカチで押さえながら語った。最後に、母子合同面接で、私が息子さんに出した課題について母親とも共有した。

第四回面接では、息子さんが「悩みが解決したので、もう相談には行かなくてよい」と話したということで、母親のみが来談した。息子さんはテスト期間中であり、学校を休みたくないようであると、母親は説明した。また、服薬の状況については前回面接の後、息子さんが「もうクリニックに行く必要はない」と言い、今は通院も服薬もしていない様子であると言う。息子さんは勉強や進路の話は母にはしないものの、芸能人やアイドルなど趣味の話はよく話すそうで、私は「男子高校生にしては珍しい。仲が良いように思う」と伝えると、母親は「息子とのかかわりを増やしてみようかな」とつぶやいた。

第五回面接は第四回面接から三カ月後、母親のみの来談であった。私が「息子さんの通院のことで最初相談に来られたが、息子さんのその後の通院状況は？」と尋ねると、母親は「息子が相談室に来て以来、クリニックには行かず、服薬もしていない」と語った。そして、部活を三年生になり引退したこと、勉強にはそれほど身が入っていないかもしれない、など心配が語られたが、大きな問題はなく、父親も息子さんに対してサポーティヴにかかわっていることが確認され、終結とした。

19. 父親を面接に招くことを習慣化すること

なぜだか分からないが、多くのセラピスト、カウンセラーが母親とばかり面接をしている。父親を面接に招くと、なかなかすばらしい働きをすることを知ることが必要である。子どもの問題で、父親を抜きにして支援するのは筋が違う。両親が覚悟して子どもの問題に関われるように私たちは支援することが大切である。だから、短期療法を行うならば、父親を面接に招くことを習慣化することを推奨する。

今は香川大学医学部の准教授となっている野口修司先生がまだ大学院修士課程の院生だった頃、私の陪席に入っていた。対人恐怖および外出恐怖によりひきこもり状態であった十代後半の青年について心配したその両親が来談した。

息子の様子について、母親が次のように語り始めた。「他者に対する怒りや憎悪、殺してやりたいという気持ちになる『ふくらんだ状態』と、子どものように泣いたり、死にたいという気持ちになる『しぼんだ状態』を繰り返しているんです」。そして、調子が悪いときには母親の首に手をまわして絞めようとするような仕草を見せることもあるとのことだ。現状では息子さんの対応は母親一人が担っており、父親は距離をとっていると話した。距離をとっている理由は、息子には何も言わないでほしいと母親がお願いしたことからであった。私たちは母親に対して、「是非、お父さんを活躍させてあげて欲しい！」とお願いした。そして、父親に「息子さんを外食に誘うことはできませんか？」と提案した。

後日、父親は息子さんと兄であるもう一人の息子さんを誘い、近所の焼鳥屋に食事に行った。息子さんはお母さんに「楽しかった」と話した。同時に「はじめはお父さんに殺されるかと思った」とも言っていた。実は、父親は面接中、笑顔を示す穏やかな雰囲気の方であるが、その見た目はクマのようながっしりとした身体つきで髪型もビシッとオールバックにしていて、とても迫力がある。この外食をきっかけとして、その後、父親は息子さんとのかかわりが増えて行く。

これまでもあったように、息子さんが夜中に自分の部屋の壁をドンドンと叩くことがあり、これまでは母親が部屋まで様子を見に行っていたが、代わりに父親が見に行くことを提案し、父親が部屋を見に行くことで息子さんはびっくりするといったこともあったようである。ちなみに、私たちは「ドンドン」と「ロンドン」を絡めた小粋なジョークを会話に挟みながら話を進めた。息子さんは次第に一人でも外出をするようになり、予備校に通いたいという希望も言い出すようになった。このような順調な状況に対して、「もし今後に息子さんが再び落ち込んだとしたらどうしますか？」という質問を投げかけると、母親は「今度は私が一歩引いてみます」と答えて、父親は「自分がもっと積極的にかかわってみます」と返答した。両親の様子がとても自信に満ち溢れていることを伝えると、お二人とも強くうなずき、面接を終結した。

20. クレームへの対応

近年、日本人はどうにかしてしまったのではないかというくらいおおらかさがなくなり、他罰的、攻撃的にクレームをつけるケースが増えている。特に、学校現場では、いじめや体罰などが露呈したことに対してならばまだしも、給食費をなぜ払わなくてはならないのか、などという理不尽な訴えもあるのだ。短期療法はクレーム対応にとても役に立つ。そのことを板倉憲政先生（現在、岐阜大学の教員）のケースから紹介していく（参考として、若島・板倉、2013）。

母親は、登校しぶりのある中学生の娘が、なかなか学校に行けるようにならないのは学校のせいであると認識していた。授業に出席する際に必要な持ち物などの指示などは何もなく、このような学校側の不備から娘がクラスに入れないでいるし、また、授業に楽しみを感じることができないと、母親は担任に連絡を入れた。担任は、その生徒が学校に来た際にはしっかり連絡はしていることを母親に伝えた。この対応はミスである。母親は現状に困っているのに、学校側はしっかりやっていると押し返した結果となっている。母親は、それ以来、頻繁に、さまざまなクレームをつけるようになった。

そのような問題を解決するために、短期療法を用いると次のようになる。第一に、担任の先生に対しては、周りの教員がねぎらいの言葉をかけるようにして、担任だけで保護者を抱えすぎないように、学年主任や教頭などが電話対応に加わるよう配慮をおこなった。第二に、学校の行事や学期が始まる前など折を見て、どんなことに配慮が必要なのかを保護者に連絡し、話を聴く。第三に、家での様子やどんな配慮が必要なのかを積極的に母親に連絡して話を聴く、というものである。このような方法で、保護者とその娘に関わることを通して、娘の出席も多くなり、保護者からのクレームもなくなっていった。

次は、小学生と中学生の子どもを二人抱えたシングル・マザーのケースである。母親はパートの仕事をしながら家計を支えているようで、休みもほとんどないくらい仕事に追われている。こうした状況で、家計が苦しいためか給食費の滞納が続いていた。担任の先生が母親に連絡し、何度か給食費を払うように促した。しかしながら、給食費は支払われることはなかった。「今まで、払ってきましたので、今度払います！」と言われたまま連絡が取れなくなっていった。

そのような問題を解決するために、学校側は、給食費のことを問題とするのではなく、母親のストレスケアをするという方針にシフトチェンジした。校長を中心に、母親との関係を作りたいという方針に変えたのである。これは払捨である。本丸を攻めるのではなく、二の丸や支城から攻めるという短期療法である。そして校長から、母親に頑張っていることをねぎらい、「お母さんの健康状態が心配であること」を伝えた。そして、「お母さんのストレスが溜まったらガス抜きのつもりで愚痴などを話しに校長室に気軽にお越し下さい」という手紙を書いて、母親に渡し、また、校長から母親に電話をして会話のきっかけ作りも行った。加えて、校長や担任から子どもの頑張った点を伝えるようにした。

そのような試みが功を奏してか、授業参観時に、親が学校に来るに至った。そして、母親は、校長室を訪ね、いろいろと家庭の状況や生活上のストレスについて話すことになり、給食費も支払われた。

文献

・若島孔文・板倉憲政　2013　他罰的・回避的な親と関係を築くとき「児童心理」（6月号）臨時増刊、969, 54-59

21. 光あるところに光を当てる

小野直広先生は「光あるところに光を当てよ」と表現した。問題のパターンの中に隠れる例外もそうであるが、人間そのものの輝く側面に言及したものである。このことについて説明する前に、リフレーミングについて再度考えてみたい。

私はある場所で、不登校の子どもたち（中学生が主であった）に直接、講義をしたことがある。それまでは保護者や支援者に講演をしてきたが、私は子どもたちに直に接したいと思い、提案し、実現した。

一〇名ほどの子どもたちが参加した。私の周りに扇状に子どもたちの椅子を並べて、机は取り払っていた。担当者は不登校の子どもたちに対する侵襲性を心配したが、私は講演やワークショップは常に心理療法のセッションと同じつもりで行っていると担当者に伝えた。保護者はその部屋の後ろの方で静かに参観することが許されていた。

私はまず人間は自分も、友だちも、先生も、親も、大統領も、みんな不完全である話をした。友だちに「私のことを何で分かってくれないの？」と思ったとき、自分自身は友だちのことを分かってあげただろうか、などという例を話し、でも私たちは不完全なのだから、これで良い、と伝えた。子どもたちは全員が例外なく私の言葉に注意を向けた。ここで私は目を瞑らせて、深くゆっくりと呼吸をさせて、それを数回繰り返し、「親切」「優しさ」という文字を頭に描かせた。

ダイヤモンドの話をした。ダイヤモンドの多面体は、一つの面に垂直に光が差すと全体が光ること、人間も多面体であるから良いところに光を差すとその人全体が光ることを話した。この比喩は小野直広先生のものである。私たちは自分にしろ、他者にしろ、その良いところを探すことができること、その良いところを知ること、良いところを伝えることができることを伝えた。そして、それらが問題を解決するための基礎になると話した。人はみんな不完全なのだから、悪いところばかり探していてもきりがないこと、どのように他者を見るかにより、自分から相手に、相手から自分にという形で連鎖していくことを語った。

できること、してしまわないとき、心配しないでいられるとき、などを考えてもらい、その後、ワークをした。ワークは、友だちに自分の良いところを教えてもらうこと、自分の良いところを探してみること、であった。そして後で先生や家族から自分の良いところを書いてもらうことにした。

私は子どもたちに、よく「家《うち》の子はやりたいことがないんです」「何に対しても興味がないんです」などと言うけど、これは多くの場合、大人が望ましいと思うことに対して、やる気を示さないことを意味しているだけで、大人が望ましいということを抜きにすると、何に対してもやる気がないということはない、と話した。そして、今、興味や熱中していることがある人と言い、手をあげてもらうと、なんと子どもたち全員が手をあげた。

この後、私はリフレーミングの練習を子どもたちとした。「友だちがいないことは必ずしも良くないことか？」「人に親切にすることは必ずしも善いと言えないのではないか？」などなど問いかけていった。「必ずしも……」と考えてみると、そこには必ずもう一つの真実が見えてくる。私はここで保護者に問いかけた。「この一年で中学時代の友だちと会って、食事をしたり、出かけたりした人は手をあげてください」。保護者席には、子どもたちの倍近くの人数がいたが、手をあげたのはたったの一人。それを見れるように私は子どもたちに後ろを向くように指示した。全員が笑った。友だちは大切であるという一方で、大人になると中学時代の友だちとこれほどまでに疎遠になる。でも普通に生活しているのである。「友だちは必ずしも大切か？」という問いに、大切なのは言うまでもないが、その逆の真実もまた浮き彫りになる。これは論理階梯を変更した結果である。論理階梯を変更すれば、必ず逆の真実が見えるのである。これがリフレーミングである。

子どもたちへの講義を終えた後、保護者の方々に質問することを許可した。保護者の方々もまたリフレームが生じていた。そんな中、ある母親が涙ながらに私にこう言った。「家の娘が将来、声優《せいゆう》になりたいと言ったとき、私は声優になんてなれないよと言ってしまったんです！」私はどの子が娘さんかを訊ねた。そして、その娘さんに私はこう言った。「将来、西友《せいゆう》に勤めたかったんだ？」母親も、娘さんも、子どもたちも、保護者も、皆、大笑いした。そして、セッションを終えた。

担当者によると、子どもたちはその後とても良い影響が見られたそうである。元気になったり、親子関係が良くなったり、登校回数が増えたり、ということである。私は心理療法ではなく、こうした不登校の子どもたちに対する講義をこれからもしていきたい。子どもたちを集めて講義をするのはたいへんブリーフな介入であるからだ。

22. 逃げの一手——観察課題

ある組織からメールで報告が来た。「先生からのアドバイスについて、部署の職員に周知をし、仕事を与える、もっと関わることとし、課長、係長は外からその職員の様子を観察するように対応しました。全体的に述べますと、これまでにその職員の感情の起伏は認めていません（キレていません）。ただし、機嫌は良い時と悪い時があるようです。仕事については、現在、さまざまな事務処理をして、一日を費やしている状態ですが、処理能力はあるようです。以前は『何か（仕事）ありますか？』と言っていたが、この頃は言わなくなったので一日の業務量的には丁度よい負荷であると思われるとのことです。他の職員とのコミュニケーションは、他の職員たちが雑談をしているとき、一緒に加わることもあります。また、自分から雑談を切り出すこともあるそうですが、逆に雑談を振られる場合は、興味がないという反応や無視に近いこともあるようです。他の職員に対して朝の挨拶はほぼしているようです。冒頭に書きましたが、特に騒ぎも、発言もありません。以上、長くなりましたが現在のところの状況です。とりあえずは大人しいようです」

これはある組織でたいへんな問題となった職員のケースである。感情の起伏が激しく、職場の上司に対してもキレるなど問題行動に組織は困惑していた。そのような中で、上司など五名が私の研究室に対応についての相談に来ていた。いわゆるコンサルテーションである。コンサルテーションはこの報告がもたらされる一カ月ほど前に行われていた。

一カ月前、来談した上司らは疲弊しきっていた。この職員に対する怒りを示す方もいた。それはそうである。職場で職員が感情を顕わにし、キレたり、大きな声を出したりなどは一般的に考えられることではない。上司たちは上司であるからこそ力を失っていた。それは被害者力である。近年、被害者という立場をとることで力を持つというケースが見られる。被害者に対しては加害者とみなされた人は何もできなくなるのである。被害者がおかしな主張をしてもそれを咎めることができない。なぜならば、被害者であるから、というものである。

この職員に関してパーソナリティの問題などを取り上げることができるが、私はシンプルに介入した。「その職員の行動を観察し、問題行動を記録してください」これまでの自己制御を止める方法である。孫子の兵法で言えば「逃げの一手」あるいは「勝つ可からざるときは守るなり」ということになる。観察することで、問題行動が減ることもあるし、逆に、問題行動を記録しておくことで訴訟などへの対応もできる、という意味づけである。どっちに転んでも成功であるという治療的二重拘束である。その結果が上述の報告である。複雑で難解そうなケースでは、何かをやり過ぎないことが重要である。まずは観察課題を提示してみることも手である。

III　短期療法の背景編

23. 森田療法——短期療法の先駆け

過敏性腸症候群の青年のケース（61頁）、消防団の男性のケース（66頁）を振り返ると、同じような見立てに基づいて心理療法が行われている。症状に意識を向けることで症状がより悪化しているという悪循環を見立てているわけだ。

明治に生まれて、フロイトと同じ年にこの世を去った森田正馬先生（1874-1939、享年六十四歳）がいる。研究のための研究を批判し、病で悩む人をどう回復させるかという視点での研究を進めた徹底したプラグマティストである。精神分析的理解と異なる理論体系を構築し、過去ではなく現在に焦点を当て、理解よりも改善を目指すという視点は、まさに短期療法である。ミルトン・エリクソン（Milton H. Erickson, 1901-1980）よりも二十五年以上前に生まれていることを考えると、短期療法の先駆けと言ってもよいであろう。

症状への執着、囚われを問題とし、症状を何とかしようとせず、あるがままに受け入れることによって、改善していくというのが森田先生の心理療法である。我執を捨て、自然に従うことが治療である。

森田先生の心理療法は、先にも述べたが、認知行動療法で最もエビデンスの高い方法である暴露法、また、近年、たいへん注目されているマインドフルネスなどをすでに包含した心理療法であるという点で、先端の心理療法であるとも言える。しかしながら、現在の森田療法は神経症にこだわり過ぎていることと、介入の仕方が貧困であるということで、発展が妨げられているように見える。

森田先生の心理療法を、現代社会に生きる人々に応用する、その方法に成功していない。私は短期療法を行う人々こそが森田先生の功績を応用、展開していけると確信している。過敏性腸症候群の青年のケース、消防団の男性のケースはまさにそのような例である。

森田先生は、暴露療法、認知療法（我執「かくあるべし」から自由になること）、論理療法、アクセプタンスに通じる考え方や方法をすでに示していた。個人療法における心理療法の重要な視点は一九二八年までにすでに森田先生により示されたと言ってよい。が、現在の短期療法の視点から足りない点は何かというと、それはやはりシステムという視点であると言ってよい。

ただ森田先生は、家族療法（システム）の入り口に達してはいた。それは神経症の患者に症状に関する話を家族とすることを禁じていることからである。多くの場合、家族はサポーティヴであった方が心身ともにどのような疾患を持つ患者にもよいというのがエビデンスであるが、森田先生はそのような見方はしていない。過敏性腸症候群の青年のケースを例にとり説明すると、仮に母親が毎朝、「今日はお腹の調子どう?」と声掛けしているとするならば、青年が症状に意識を向けることをより強化してしまう、ということになる。このような見立てから、森田先生は神経症の患者に症状に関する話を家族とすることを禁じたのである。

24. システム、自己制御性について

システム理論はそこにあることを描写しているのに、難しくなり過ぎた。難しく語る方が高級感はあるが、ここでは臨床のプラグマティズムに基づき論じていく。自己制御のシステミックな観点抜きでは、個人療法に陥ってしまう。ここで言う短期療法は個人療法を超えているのだ。

サイバネティクスにより示された自己制御性というシステムの性質から話を始めたい。これはある組織が基準にしている状態と実際の状態を比較して、そこに差がある場合、その差をその組織自体が軽減するために制御することを意味する。これを個人に当てはめると、問題を感知したらそれを解決しようとする、ということである。個人を超えて、家族などもまた、家族に問題が生じたらそれを何とかしようと家族自体が動き出すということである。

第一のポイントは、問題の感知になる。問題を感知していない場合、自己制御は働かない、ということである。夏になると、高齢者が熱中症で意識不明となる、というような事故がある。高齢になると、気温の高

さを感知しにくくなり、制御すること自体が行われないことで、このような事故が生じる。この場合、感知することを支援できれば、あるいは認知的に問題を構成する支援ができれば、うまくいくということになる。

若い成人女性が万引きで警察に逮捕された。コンビニエンス・ストアで万引きを複数回行っていた。弁護士の話では、この女性が身体の病気を持っており、悩んでいて、そのストレスのため、この問題が生じたのではないかということであった。私は弁護士からの依頼でこの女性と面接することとなった。この女性はたいへんな事態になったと認識していた。これまでの人生でかかわったことがない人々、警察、弁護士、心理士とかかわることとなり、遠くに住む両親にも行き来してもらい、迷惑をかけていることを悔いた。この女性は万引きを複数回行っていたが、店員に発見されたのは今回が初めてであった。

繰り返された万引きが発見されない（咎められない）ことによって、万引きという行動は強化・維持されてきた。ストレスは確かに最初の行動のきっかけであったかもしれないが、その後はきっかけを離れて、簡単に万引きをできることを学習してしまった。そのような中、初めて万引きが見つかり、今回のようにたいへんな事態に発展したという結果は、万引きというものが大きな問題としてこの女性に構成されたことで、行動変容の可能性が示唆されるのである。これは自己制御性の第一のポイントである。

第二のポイントは、問題をどのように捉えているかによって、自己制御の仕方は変わるということである。

精神疾患の患者やその家族が薬を飲みたくない、あるいは飲ませたくないというケースに出会うセラピストは多いであろう。

私がスクールカウンセラーをしていたとき、ある男子生徒が来談した。これまでその生徒については担任の先生から問題行動を聞いていたので、来談してくれたのは渡りに船であった。母親が食事に毒を入れているというような話をした。言葉ももつれていることから統合失調症であろうと考えた。生徒指導の先生に相談し、母親に電話で連絡をとった。私は骨折という比喩を用いて病院にすぐに連れていく必要があることを説明した。もし学校で子どもが骨折したと親が聞くならば、すぐに病院に連れて行くように求めるであろう。にもかかわらず、こと精神疾患においては病院に行くことを嫌がり、投薬も拒否するケースが多いことに戸惑う。

これから先、今のように投薬中心の精神医療は衰退するであろうが、現状では統合失調症や双極性障害の治療には投薬はたいへん重要な治療手段である。しかし、精神疾患の理解がこころの問題とされていることでこのような問題が生じる。脳という身体の病気が精神症状を引き起こしていると理解させる必要がある。だいたい精神科というネーミングが人々に誤解を与える一番の要因である。名称を変更するのが一番良い方法であると思う。

さて、骨折の比喩を聞いた母親は即座に学校に駆けつけてくれた。そこで父親に連絡を取り、息子さんの状態を説明し、クリニックに連れていくことの許可を得た。父親はよろしくお願いしますと、理解を示してくれた。問題をどのように捉えるか。気持ちの問題として捉えるのか、脳の病気と捉えるのかで、その自己制御は随分と異なるものになる。

家族療法設定の面白さは、子どもの問題を父親がどのように捉え、母親がどのように捉え、最終的にセラピストとの間で、どのような問題に構成されるか、ということである。問題の構成のされ方が変われば、自己制御は変化するのである。これが自己制御性の第二のポイントである。

小学校高学年の男子が母親とともに来談した。数週間前に、母親と出かけていたとき、母と離れている間に不審者が寄ってきた。この少年はその場から逃げた。その後、自宅にまでその男が来るのではないかと、不審者の影におびえて泣いた。戸締りも自分でしっかりするようになった。その後、再び、その男を近所で見かけ、さらに脅えるようになり不安定になった。母親は息子のことを心配し、母子で来談したということだ。

私は心理療法を受けようとした母親の動機などを訊いたが、母親は機能不全家族であることを話した。つまり、母親はこの問題が家族の機能不全にあると考えているのだ。私は少年と少しやりとりをして、その反応から母親を別室に案内し、少年と話をすることにした。その後、合同面接に戻し、母親の解決努力、すなわち自己制御を確認した。「大丈夫だよ」「心配しなくていいよ」というものであった。

私は次のように介入していった。まず、少年が自分だけの問題ではなく、母親を守ろうとしていることを伝えた。そして、どのようにしたら家庭で防犯できるかについて、母子で話し合うように提案した。もし、その話し合いができたら、怖さや不安が一番高いのが100として、それがなくなった状態を0として、何点になるかを少年に訊ねた。すると、少年は10点か20点まで怖さや不安が下がると応じた。母親は少年の応答に少し驚きを示し、提案に合意した。

このケースでは、母親が家族の機能不全を問題にしていたが、私は子どもの問題の捉え方を母親が同じように受け入れて、その問題に対応するように母親に促した、ということになる。大人は大人の視点で問題を捉えて対処するが、ときには子どもの問題の捉え方そのものに対処することも必要である。特に、子どもの不安や恐怖のような問題に対しては、それが必要である。このケースもまた、自己制御の第二のポイントに関するものである。

25．システム、その実験的研究について

私は、葛藤的会話場面における回避的コミュニケーションの生起のメカニズムに関する研究を行い、問題－相互作用モデル（problem-interaction model: PIM）を提示した（若島、2000ab; 2003／若島・生田・長谷川、1999）。ＰＩＭとは、会話中に取り上げられる問題がどの程度、関係性を危険にさらす葛藤的な話題であるかを示す「問題レベル」と、葛藤的な話題の話し手が受け手に対して求める反応の強さの程度を示す「相互作用レベル」の関連から、ディスクオリフィケーション反応を予測するモデルである。ディスクオリフィケーション反応というのは、コミュニケーションの構成要素である送り手、内容、受け手、文脈についての情報を曖昧にしたコミュニケーションであり、二重拘束的反応の例である。

例えば、母子の会話場面において、「みんなあなたのことを心配しているの分かる？」と母親が娘に問いかけたとき、娘は母親に「分かるよ。先生は電話してくるもん」という返事を行う。この娘の言葉は、心配しているのが誰かを限定することによって、母親の意図した反応を曖昧に（無効化）している。このようにコミュニケーションは、即時的で短期的な会話システムを破壊する、あるいは維持しないことで、より抽象レ

ベルの高い長期的システムとしての対人システムを自己制御する〝パラドキシカルな構造〟が存在する（若島、2000b）。

また、一見社交的とも言える笑顔が葛藤場面における対人システムの自己制御であるという実験研究もある（生田、1999; 2000／生田・若島・長谷川、1999）。対人システムに葛藤が生じたさい、会話システムにおいて笑顔というマネージメント行動が生起し、その対人システムの変化が抑制される。例えば、夫婦の会話で、妻が夫の不満な点に言及したとき、夫が笑顔を示しながらうなずく、など。この笑顔は葛藤を回避することで、対人システムを維持していると見ることができる。つまり、持続する人間関係において、葛藤時に生起する笑顔は自己制御的機能を持つと言うことである（参考として、若島、2014）。

文献

・生田倫子　1999　葛藤場面における表情の自己制御的機能について　カウンセリング研究、32(2), 157-162
・生田倫子　2000　対人システムにおける自己制御的機能に関する研究　家族心理学研究、14(1), 29-40
・生田倫子・若島孔文・長谷川啓三　1999　笑顔の自己制御的機能について―表情と葛藤方略との関連性　家族心理学研究、13(2), 115-122
・若島孔文　2000a　脱文脈コミュニケーションの生起を予測する問題―相互作用モデルの確証―ＭＲＩコミュニケーション理論の視点から　学校カウンセリング研究、33, 9-18
・若島孔文　2000b　葛藤場面に埋め込まれた矛盾するメッセージの伝達とディスクオリフィケーション―二重拘束理論の臨床心理学的研究　カウンセリング研究、33(2), 148-155

・若島孔文　2003　ディスクオリフィケーションを予測する問題―相互作用モデルの提案―夫婦の葛藤的会話分析から　聖路加看護大学紀要、29, 22-31
・若島孔文　2014　ヴィクトリア大学グループによるブリーフセラピーのエヴィデンス研究　Interactional Mind, IV, 90-92
・若島孔文・生田倫子・長谷川啓三　1999　葛藤的会話場面における脱文脈コミュニケーションの研究―問題 - 相互作用モデルの確証とその修正　家族療法研究、16(3), 187-195

26. システム、情報回帰測度モデルについて

以前、私は家族療法を用いた事例を検討し、時間概念を導入して情報の回帰の速度という観点からシステムを記述する情報回帰速度モデル（Speed of Information Reflective Model: SIRM）を示した（若島・佐藤・長谷川，2000）。ＳＩＲＭでは、システムは情報によって規定されること、サブシステム（システム内の下位システム）の境界は情報回帰の速度によって規定されことを述べた。

情報回帰の速度とは、ある個人行動が他者に影響し再びその個人に戻ってくる時間を意味している。例えば、子どもが学校で嫌なことがあり、その自己制御として朝、起きなくなる。朝起きない子どもの行動に母親は声を張り上げて起こそうとするという自己制御を行う。そんな日々が数日過ぎた後、父親はそれを知り、しばらくは放っておいたら、というように自己制御する。この場合、子どもの行動の影響が比較的早く回帰してきた母親との間でサブシステムができている、というように理解する。

システム全体が変化しにくいのは、より集団成員が多いシステムが変化するスピードは個人に比して遅い

ためである（若島・松井、2003; 2004）。ＳＩＲＭに基づくと、個人からみて、それよりも高次のシステムの変容を見込むためには以下の要件が必要である。第一に集団の変化を速めること、第二に個人の行動パターン保持の程度を強めること、第三に個人とより高次のシステム間の相互作用が弱いこと、という個人に関連する三要因のうち、おおむねいずれか二つを満たせば、個人からシステムへの変化が得られる。

より高次のシステムの変化は遅延されるが必ず起こるため、より高次のシステムの変化が見出されるまで個人の行動を保持できるかにかかっている。つまり、かなり変容が起こりにくい状況においても、個人の行動に時間的な一貫性をもたせるようセラピストなどが支援することによって、個人からより高次のシステムの変容が見込める。ＳＩＲＭはまだモデルの検証が不十分ではあるが、心理療法における示唆を与えている（若島・松井、2005）。

文献

・若島孔文・松井博史　2003　〝情報回帰速度モデル〟の理論的研究　立正大学心理学研究所紀要、1, 43-68
・若島孔文・松井博史　2004　情報回帰速度モデルに基づく集団遷移モデルの事例的検討　立正大学心理学研究所紀要、2, 41-53
・若島孔文・松井博史　2005　家族の境界とは何か―情報回帰の速度　現代のエスプリ「臨床の語用論①」、454., 185-190.
・若島孔文・佐藤明子・長谷川啓三　2000　不登校に対して短期家族療法が有効であった1症例―時間の概念を取り入れた新しいシステムモデル（情報回帰速度モデル）による考察　心療内科、4, 373-378

27. 統合情報理論を対人システムに応用する試み

近年の私の研究は、統合情報理論（Integrated Information Theory）（Tononi, G., 2004; Tononi, G. et al., 2016）を対人システムに応用する試みである。システム理論は家族療法や家族心理学の成立において大きな貢献をしたが、カオス理論（Prigogine, I., 1980）やオートポイエーシス（Maturana, H. R. & Varela, F. J., 1980）などのシステム理論が参照される頃から、難しくなり過ぎた。そして、これらのシステム理論は予測というものの難しさを示し、理論としての意味を失った。それならば、わざわざ難しい理論を使用する必要はないということで、背景となる理論がシステム理論から物語論へと移行していった。この時点で家族システム理論の展開は止まったといってよいであろう。

私が注目したのは、脳の統合情報理論である。脳の研究者らが意識という現象を説明する中で、統合情報理論が提示された。脳全体でのニューロンの数は約一千億個である。小脳には約八百億個のニューロンが並んでいる。視床 - 皮質系は、大脳皮質と視床から構成されているが、そこには約二百億個のニューロンが並んでいる。何らかの疾患により小脳を摘出した場合、言語や運動が困難になる。一方で、意識現象は問題を持たない。つまり、意識という立体的現象はニューロンの数によって説明することができない。この理論では、意識という現象が、ニューロンの差異（多様性）と相互作用（統合）によって生じると仮定している。これは、全体は部分の総和ではない、と考えるものであり、一つのシステム理論であると見ることができる。

私の研究は、脳の統合情報理論を対人システムに応用する試みである（Wakashima, K, et al., 2018）。この研究は、統合情報理論を家族システムに応用する。まずは夫婦を対象として、成員間の差異と相互作用の量を測定し、これらが家族の問題解決とリジリエンスにどのような影響を及ぼすかを明らかにする。夫婦システムに統合情報理論のシェマを応用したとき、何が差異なのか？　何が相互作用なのか？　立体的に生み出されるものは何か？　という問題が生じる。残念ながら、これらへの完全な解答を持たない。

また、この研究は混沌のなかにある。それに比べて、仮説は明瞭である。まず、夫婦という単位で見ていくと次のようになる。夫婦の差異の得点が高く、相互作用（コミュニケーション）の得点が高い群は、その他の群に比べて、夫婦の問題解決およびリジリエンスが高い。夫婦間の差異は、情報量を高める一方で、相互作用を低下させる恐れがある。そして、相互作用が行われない場合、夫婦の問題解決やリジリエンスは低下するであろう。その一方で、夫婦間の差異があっても相互作用が行われる場合、高まった情報量は夫婦の問題解決やリジリエンスに肯定的な影響を与えると考えられる。この点を検討することがこの研究の主眼である。

これまでの研究の結果では、仮説は支持されてはいない。基本的に、コミュニケーションを多くしているカップルの方が、問題解決力や家族リジリエンスが高い。「考え方」と「好み」の差異は少ない方が問題解決力や家族リジリエンスが高い。「能力」の差異は問題解決力や家族リジリエンスと関連がない。このような当然とも言える結果となる。

統合情報理論は情報量の高まり＝意識という立体的機能を想定している。夫婦や家族にとって日常生活は情報量をなるべく経済的にするために役割が決まって行き、パターン化していく。つまり、日常という状況では情報量は大きくなる必要がない、と考えられる。問題点の一つ目は緊急時のような日常とは異なる状況を想定する必要がある、ということである。加えて、もう一つの問題点は差異の捉え方である。差異というのを二者間の関係性の差異と考えるならば、相称性‐相補性のような変数の方が適切なのかもしれないということである。これらの問題点を修正した形で、研究が現在進行している（ＪＳＰＳ科研費 17K04191）。

文献

- Maturana, H. R. & Varela, F. J. 1980 Autopoiesis and cognition: The realization of the living. D. Reidel Publishing Company.
- Prigogine, I. 1980 From being to becoming. Freeman.
- Tononi, G. 2004 An information integration theory of consciousness. BMC Neuroscience, 5, 42.

- Tononi, G., Boly., M., Massimini, M. & Koch, C. 2016 Integrated information theory: From consciousness to its physical substrate. Nature Reviews Neuroscience, 17, 450-461.
- Wakashima, K., Sakamoto, K., Hiraizumi, T., Itakura, N., Ikuta, M., Sato, K., & Hanada, R. 2018 Attempt to apply Integrated Information Theory to family system: Focus on marital relationship, International Journal of Brief Therapy and Family Science, 8(2), 49-69.

28. 社会構成主義の重要性と嘘

現実の構成主義とは、私たちが現実だとしていることは、知覚や言葉に制限されたものであるという視点である。ここでは私たちが現実として捉えられない背景が広がっているという見識が伺える。コウモリが捉える現実と人間が捉える現実の違い。コウモリは人間に捉えることができない音を感知している。また、言語と知覚の関係性。虹の色の文化に従い認識に違いがあることや、イヌイットが白に関する言葉を多く持つこと、そして白について多くの他の民族よりも弁別ができていることなどがそのよい例である。構成主義は自然中心である。

一方で、社会構成主義という現実の捉え方がある。社会構成主義というのは、現実とは人と人との間の言語を媒介した相互作用により構成される、ということである。確かにそうである。私は麻生元総理に直接会ったことはない。麻生元総理について私が描いている認識は社会的に構成されたものであろう。2メーター以内の男、5メーター以内かもしれないが、そういう異名を持つそうである。つまり、直接会った人は麻生元総理をみんな好きになるという意味である。多くの事象は直接経験によらない社会的に構成された現実により成り立っている。

私はこの視点よりは、ベイトソンが述べたクレアトゥーラという方がしっくりくる。生命システムは差異と比較の世界によって成り立つ、すなわち、情報に反応する世界である。確かにその通りだと思う。今、親しい人が死んだかもしれない。しかし、私はそれを知らなければ、そのように反応はしないであろう、と言うことである。

さて、ここまで構成主義、社会構成主義、クレアトゥーラについて述べたが、社会構成主義の嘘について言及したい。私は社会構成主義というものが人間中心主義が過ぎる理論であると考えている。たいへん重要な意味を持つ一方で、人間中心主義の傲慢さが漂う。言葉を持たない赤ん坊、重度身体障碍者（私は昔、この病棟を担当していた）、動物たちもまた、現実を持っていることは明らかである。言葉が現実であるというのは論理階梯を誤ったものの見方である。ここが社会構成主義の嘘である。

29. ポストモダン——多様なあり方を尊重する

短期療法を学ぶ人々にとって、ポストモダンという言葉はよく聞くのではないだろうか。ポストモダンとは何か？　これを説明することはたいへん難しいことだ。なぜならば、ポストモダンに実態がないからである。一方で、モダンには実態がある。モダン焼きもある。モダンを理解することでポストモダンというものが理解できる。モダンを超えるということだからだ（参考として、若島、2006）。

モダンの象徴として、ミッシェル・フーコー（Michel Foucault, 1926-1984）が言及したのはパノプティコンである。ジェレミ・ベンサム（Jeremy Bentham, 1748-1832）が考案した一望監視施設である。これは中央に高い塔があり、それをとりまく形で牢屋を位置した円形の刑務所である。中央の塔には光が入らず牢屋から見ると暗い、一方、牢屋は背後から光が入り塔から見ると明るい。ここに情報の格差が生まれる。一方が他方に対する情報を持ちそれを蓄積している。そしてこの情報の格差が力の違いを生み出す。フーコーの『知と権力』における「知」とはこの情報の差と情報の蓄積のことである。「情報＝力」である。

このパノプティコンは、情報の格差により効率的に囚人を統制できる建築物である。モダンと言うのはこの効率性などを中心とした一元的価値を持つ世界のことである。効率性を中心とした価値の中には科学も含まれている。効率を中心とした価値と言うことで、ある社会学者はマクドナルドがモダンの象徴であると述べている。ポストモダンというのは、効率などの価値を排除せずに、包含した形で多様な価値、多元的な価値を持つ世界ということになる。ユニバースからマルチバースへ。

ナラティヴ（Narrative：物語り）というのも、ここが重要な点である。モダンにおいては、私たちが現実である、あるいは常識であるとしているのは、多数者の構成した物語りであるということである。ポストモダンにおいては、少数者のローカル・ディスコースが表に出てくる。インターネット、ＳＮＳやyoutubeはそれを実現するツールとなっている。少数者の構成した物語りである。ローカル・ディスコースに耳を傾ける姿勢が重要となってきているということである。私たちは社会の変化に従い、心理療法のあり方を調整したり、考え方を変更する必要が出てくる。

プラグマティズムの図を思い出してほしい。縦の軸は「効果」という一見モダンの価値を評価においている。しかし、これは論理階梯の問題である。短期療法はモダンでもあり、ポストモダンであるとも言える。しかし、そんなものはどちらでもよい。さて、横の軸が一般論（常識、理論や科学（エビデンス）、経験）としてモダンを表現する軸であり、縦の軸は個々のケースへの個別的適用としてその多様なあり方を示している。一般論としての横軸は社会の流れに沿いながらup dateされていくことになることは言うまでもない。縦の軸もまた、何に対して有効なのかという「その何か」は社会的な影響を受けて変化していくので注意が必要となる。

文献

・若島孔文　2006　ナラティヴ・セラピー――ナラティヴ、社会構成主義、ポストモダン　日本保健医療行動科学会年報、21, 63-77

30. 心理療法に正解はあるのか

さて、ポストモダンでは、マルチバースについて述べた。多元性や多様な世界観は、心理療法に正解はあるのかということを基本的に否定することになるであろう。しかしながら、プラグマティズムの観点からは、相対的に正解がある。現象は多様に理解できるし、解決への道のりも多様である、が、プラグマティズムの観点からはある理解の方が有効であり、ある理解の方が解決への道のりにおいて有効であるという、相対的ではあるが正解がある。また、ポストモダンにおいては、解決しないことが良いという屁理屈もあるかもしれないが、私たちの仕事は問題解決を支援することである。それで対価を得ている。

よく「ここに来て、何がどのようになることを望んでいますか？」と開始の質問をしたさいに、クライエントが「話を聞いて欲しい」と語ったとき、これをニーズとして扱うセラピストがいる。これは短期療法ではない。短期療法をやるのならば、次のように問題あるいは解決を構成し直すことが必要である。「話を聞いてもらうことでどんなことが起こり始めますか？」「話を聞いてもらうことで、どんな変化が起こり始めると思いますか？」

クライエントは心理療法の素人であり、心理療法やカウンセリングの場がただ話を聞くことしかできないと思っている可能性がある。私たち短期療法の専門家は私たちのできることを提案しながら、問題や解決を構成しなおすことを忘れてはいけない。

近年、世の中では、価値の相対化により、価値を持たないことが高級のように、特にインテリ層においては考えられているようである。社会構成主義やポストモダンなどを屁理屈として持ち出せば、これはいつでも可能となる。セラピストは価値観を持つ方が良い、あるいは、自らの価値観を理解していた方が良い。しかしながら、心理療法で相対的な正解に行きつくためには、セラピストの価値にこだわらないこと、払捨が必要である。子どもに対する親のような距離感ではこれが難しくなる。親戚の大人、数年に一度、葬式や法事くらいに会う小父さん、小母さんくらいの距離が適切である。

私は以前、大学の研究室の机にチョコレートや飴玉をたくさん置いていて、今から面接に行くという研修生のポケットにそれらを一握り入れてあげていた。あるとき、小さな女の子とその母親が来談し、私が母親面接を、研修生が子どもの面接をしていた。研修生と子どもさんはプレイルームで遊んでいた。そして、面接の時間を終えたのだが、私と母親が面接に行くと、その子どもさんはもっと遊んでいたいと駄々をこねていた。研修生は一生懸命に何とかしようとしている。

この面接が始まる前、研修生のポケットに一握りのお菓子を入れているが、研修生は自分のおやつとでも思っているのか？　私は自らのポケットからキットカット・オリジナルと桜のキットカットを取り出した。「じゃ～ん、どっちのキットカットが欲しい？」とその女の子の目の前に、二つのキットカットを取り出した。その女の子は桜のキットカットを指さした。「じゃあ、今日は終わりにできるかな。この桜のキットカットあげるけど」と言うと、簡単にプレイルームから外に出た。

他の小さな男の子のケースでは、プレイルームの前で脱いだ男の子の靴を私が手に取り、注目させた。そしてそれを思いっきり、外に投げた。というか投げたふりをして懐に隠した。その男の子は「あぁぁ～」と言って、プレイルームの外に駆け出した。私は研修生に「ドアを閉めろ～！」と言った。簡単に遊びを終わらせることができる方法である。

大学院という場所では、子どもがプレイを時間どおりに終われないことを、二時間もかけたケース検討会で教員と院生ががん首揃えて議論するというアホなことをしている。私は短期療法を実戦するプラグマティストである。私はキットカットと靴を投げること（あくまでもフリであるが）が正解であると思う。皆さんはどう考えるか。

31. 弘法大師空海――生命システムを描く

「儒教は現実をただ単に後づけ、処世を教えるのに過ぎない。道教は現実に面と向かわず、斜に構え、虚無に逃げている。現実とは何か、生きることとは何か、そしてこの世界とは何かを本当に問うているのは仏教だ」

約一、二〇〇年前、平安時代の名僧・空海の言葉は、認知行動療法、精神分析、短期療法を示しているかのようだ。空海は自然・宇宙を示す大日如来・大日経に関心を持ち、また、自然を含めた生命システムを描く曼荼羅、宇宙の森羅万象を肯定する仏教、密教を中国から持ち帰ったと言う。宇宙＝自分、自分＝宇宙という宇宙＝こころ、こころ＝宇宙を示しているのが大日如来だ。

ここが心理学の難しいところである。個と環境、個と社会などと心理学では言うが、個と環境、個と社会は切り離すことができない全体性を持つ。私たちが環境と言っているものは私たち個人個人に構成された環境であり、私たちが社会と言っているものは私たち個人個人に構成された社会である。私たちの世界は再帰的なのである。大日如来はそれを最初に私たちに示しているのである。

さらに、『伝法灌頂』を最澄が望んだとき、「密教とは単に頭で理解すれば良いというものではなく、己の肉体と感覚の全てを持って、向かい合わなくてはならない」と空海が拒絶したと言う。心理療法もまた、そのようなものである。

『理趣経』。耳で聞ける道理、目で見れる道理、こころに念ずる道理。頭だけで心理療法はできない。できないというより、それは貧弱な心理療法である。頭だけでは言葉の数が多い心理療法になる。米国の短期療法は身体を軽視している。おそらく米国は言葉中心の文化を持つのであろう。米国の心理療法と日本のそれは大きく違う。日本の心理療法は、セラピストもクライエントも少ない言葉がやりとりされる。

このように仏教は心理療法を行う私たちにとって、人間とは何か、人間の世界とは何かを示してくれる。法華経方便品第二はその全体性を示してくれている。

32. 法華経方便品第二——各心理療法が落としたもの

十如是はシステミックなあり方のみならず、私たちの生きる世界の全体性をその昔から述べている。以下は日蓮宗の高野光拡先生（久繁山 本立寺）によりご説明を受けた。

「方便品にある十如是とは、仏様（如来）が説くありのままの世界の様相です。すなわち、全ての物事には見た目にあらわれた世界（相）があり、そこには性質（性）があり、物質としての体（体）があり、物理的な力（力）があり、力が及ぼす作用（作）があり、作用が原因（因）となり、関係（縁）を通して結果（果）となり、結果を受けての報い（報）が生じる。そしてそこで起こったことは見た目の『相』にあらわれてくる（本末が等しくある、の解釈）。原因があって結果があるという因縁果報はそこで終わらず、次の因縁につながっていくのです」

行動主義、社会構成主義、コミュニケーション理論、力動的心理療法理論、動作法、脳科学など全てが、私たちの世界の一部を切り取って強調していることが分かる。私たちの世界、真実のありようが十如是に語られている。

特に注目すべきは相と体である。身体を持つ存在であることを相と体は示している。短期療法は身体から離れすぎた。私は米国のＳＦＢＴＡ（解決志向短期療法学会）で短期療法が身体を取り戻さなくてはならないことを主張した（Wakashima, K., 2015）。

心理学全般に言えることであるが、概念や理論ばかりで、人間そのものの存在を扱うことを無視してきた。短期療法や心理学の課題がそこにある。そして性質があり、力があり、その作用があり、作用が原因となって、関係性を通じて結果となる。この因、縁、果、報から相へという円環性が行動主義には欠落している。家族療法や短期療法が大切にしてきたのはこの部分である。それはシステム理論のようである。

システミックな見方は、実は東洋的なものの見方であることが、大日如来や十如是から理解できるであろう。心理療法に行き詰ったときは仏教に習うことができる。ここ最近のような瞑想やスピリチュアリティだけを大袈裟に強調するべきではない。仏教の全体性こそが重要である。

文献

・Wakashima, K. 2015 Main conference day 2, Concurrent IV: Solution focused practices in critical situations: An East

West approch. Solution Focused Brief Therapy Association 2015 Conference, Wilmington, North Carolina, USA, November 4-7, Program

33. パテンドな解決法

ポール・ワツラウィック（Paul Watzlawick）はパテンドな解決法について言及した（Watzlawick, P., 1986）。それは古くからの医者たちのジョーク、「手術は成功です。患者さんは亡くなりました」というものである。パテンドな解決法は完全な解決法を意味している。それは二分法的思考であり、また、その一つのタイプが「同じものをより多くする」というものである。

パテンドな解決法とは、例えば、仲が良いことが良い（あるいは悪い）、葛藤的なことは悪い（あるいは良い）などと考える二分法的思考によりもたらされる。仲が良いことも葛藤的なことも、パテンドな解決法によって、より大きな問題を生みだすことになる。仲が良いことが良く、葛藤的なことが悪い、あるいは仲が良いことが悪く、葛藤的なことが良いといういずれの思考法もパテンドな解決法である。先生たちと生徒たちのやりとりを見ていくことにしよう。

先生たちは生徒たちが修学旅行の計画をしている場面を見守っていた。A先生は生徒たちが仲良くグループで計画を進めることが良いことだと考えた。B先生は生徒たちがグループで自分たちの意見を素直にぶつけあうことが良いことだと考えた。A先生は生徒たちが議論を始めると、「もっと仲良くやりなさい」と言い、B先生は生徒たちがスムーズに計画を進めると「ちゃんと意見を述べてない」と言う。

こうした考え方がほどほどであればよいが、上記のようなA先生とB先のやり方はパテンドな解決法となるかもしれない。生徒たちは仲良く話し合うときもあれば、議論になるときもある。たまたま意見が一致することもあれば、たまたま喧嘩になることもある。完全な「仲良い」状態はないし、完全な「葛藤的な」状態もない。

パテンドな解決法を用いるときA先生の目にはどこまでも生徒たちが関係を害していないかに向き、B先生の目はどこまでも生徒たちが同調していないかということに向いていく。逆説的に、そうならない方が良い、という方に目が向いてしまうことで、永遠に問題が続いてしまう。二分法は私たちの思考上非常にわかりやすいがそれはパテンドな解決法を導く。

平和を強く主張すること、武力の必要性を強く主張することも同じである。それが「過剰」であれば、常に問題を生ずるのである。また、平和であらねばならない、強力な武力があらねばならないという思考、それが「過剰」であれば、常に問題を生じさせるのである。どちらが良いという訳ではない、生きていくためには時と場合、そして適度さが功を奏することになる。それがパテンドな解決法に陥らない方法である。
だから問題の解決というのは「変化」だけでは達成できないのである。変化することと受け入れることが必要になる。変化をより多く必要とするケース、受け入れることをより多く必要とするケースと、その程度はさまざまでも、両方があって初めて問題が解決される。

文献

・Watzlawick, P. 1986 Vom Schlechten des Guteno-der Hekates. Losungen, Pipe.（佐藤　愛監修・小岡礼子訳　1993　よいは悪い—暗黒の女王ヘカテの解決法　法政大学出版局

Ⅳ　短期療法のプロジェクト編

34. 不登校とひきこもりへの支援

私は今から約二〇年前に、メンタル・コミュニケーション・リサーチ（以下、ＭＣＲ）という不登校とひきこもりへのアプローチをするＮＰＯを立ち上げた。さまざまな医療や福祉機関で心理療法やスーパーヴァイザーを行ってきたが、組織のルールにより手が出ないケースがいくつもあることに悔しさを感じていた。もう少し柔軟性と機動力を持てば、不登校やひきこもりの援助で手の届くケースが増えると考えたからだ。

私は不登校やひきこもりに対する新たな援助プログラムを構想し、その支援の方法を数名の仲間に話した。そして少数の仲間で一つの家庭の援助から開始した。この頃はひきこもりに対する援助も少なく、しかもテレビで紹介されるようなものは私たち専門家から見て怪しげな団体が多かった。私たちは私たちの夢であった理想の援助プログラムを柔軟に作り上げ、それを実践するために当時は一年間に約20のご家庭に対する援助しかできない状況であった。しかしながら、全てのケース（年齢は小学生から四十五歳まで）において約一年で目に見える成果を出すことができた。

ＭＣＲの援助プログラムは、そのご家庭のニーズにあわせて柔軟に作り上げることが特徴である。その援助プログラムとは、訪問援助者、家族コンサルタント（臨床心理士等の有資格者を中心とした家族療法の専門家）、援助スタッフが三本の矢となり、一つのご家庭に援助していくというものである（全スタッフにより、全ケースの検討が毎月行われていく）。私は多くの教育委員会の学校教員への研修を毎年行っている立場にあるが、行政によって行われているメンタルフレンド事業ではこうした専門家同士の連携作業により、ケースへの対応を行っておらず、それではなかなか不登校・ひきこもりの援助はできない。

例えば、不登校・ひきこもり当事者が訪問援助者を拒否する場合にどのように対応するか、二十年来のひきこもり当事者で訪問援助者を受け入れない方の場合に、家族からどのように変化を促していけるかなど、こうした課題をクリアすることが困難である。ＭＣＲはこうした難題に対して、短期療法に基づき戦略的な課題を用いる工夫をする。

私は『小児科診療ガイドライン（第2版）』にひきこもりの項目（斎藤・若島、2011）をまとめたことを機にＭＣＲを辞めて、今は北海道大学の学生相談に勤務している斎藤暢一郎先生が理事長をしている（なお、最新は『小児科診療ガイドライン（第4版）』のひきこもりの項目〔若島、2019〕を参照して欲しい）。ＭＣＲ設立から約二十年経過し、私は不登校・ひきこもりの支援について重要な点をここに再度まとめて述べたい。

二回目の面接である。初回面接は母親が一人で来談したが、私が促したこともあり、今回は両親で来談した。「私は息子がこれまでどんなふうに成長してきたかをよく思い出すことができないんです。私は無関心だったんです。今回を機に息子とじっくりと関わろうとこころに決めて来ました」。父親は熱く語った。息子というのは中学生になる年齢である。すでに五年間も家にひきこもった状態であった。

第三回面接で、父親は熱く語った。「私は息子の好きな漫画の本、息子の好きなゲームなど学びました。話のネタはできたのですが、息子と話そうとすると、その契機すらつかめないんです」。私は母親の話も踏まえて介入課題を提示する。この家族には、父親が仕事から早く戻れるときは家族で夕食をともにするという習慣があった。これは素晴らしいと思い、この習慣（ルール）を利用することとした。母親に息子さんの好きな食べ物を訊いた。「肉」それも「ステーキ」であると言う。私は今日この面接が終わり、夕食にステーキを準備することができるかを尋ねた。母親は「簡単です！」と答えた。「ご家族三人分のステーキをテーブルに並べて食べ始めるとき、お父さんは何も言わないで、自分のステーキの半分か三分の一を切って、それを息子さんの皿に置いてください。何も言わないでください。ただあの○○ハンバーグのコマーシャルの緑の巨人のように、『大きくなれよぉ〜』という気持ちでそれを行ってください」

第四回目の面接では劇的な変化が語られた。母親曰く、息子さんはその介入の後、「お父さん、何時に帰ってくるの？」と父親に関心を示し、帰りを楽しみに待つようになったと言う。面接はこの後、何回続いたかは確かではない。でも、父親は息子さんと存分に関わることができた。キャッチボールや釣りもした。息子さんはすでにフリースクールに行くようになってしばらく経っていた。不登校やひきこもりのケースでは、父親の働きは絶大である。なぜ不登校やひきこもり支援者の多くが母親とばかり話をしているのかが疑問である。

何回目かの面接で父親が来談したケースである。不登校の中学生の息子についての相談である。父親は私がお招きした。母親は父親が忙しいから難しいと言ったが、仕事後でも面接を受けれるように準備しておくので、ぜひお越しくださいとお伝えください、と伝言した。父親は仕事の終わる時間を早めて、通常の業務時間内に相談室に来てくれた。母親は息子が父親のことを怖がっていると言う。もう少し優しく接して欲しい、というのが母親から父親への要望である。しかしながら、私は次のように話した。「息子さんはこれからどんどん成長していきます。これからがお父さんの出番であり、お父さんが怖いことがきっと役に立つでしょう。だから、今はこのままのお父さんが良いのです」

その後、母親のみで来談した。そして、息子さんは登校していた。父親が息子がルールを破ったことから、息子を叱り、スマートフォンを取り上げたのだと、母親が語る。息子は母親に「もう絶対に学校行かないから！」とキレて不安定になっていたが、しばらくすると「学校に行く。行かないとスマートフォン返してもらえないから」と言い出し、登校し続けているということである。私は「お父さん、でかした！」と伝言した。そして、この面接は終結となった。

二〇代半ばの青年が五年間部屋にひきこもっているということで、母親が来談した。いつものように私は父親を面接に招いた。両親の関係は少し奇妙なものであった。父親は仕事場に寝泊まりしており、ちょっとした別居状態である。父親は飄々とした人であった。

母親は息子であるその青年の部屋に食事を運んでおり、これが部屋へのひきこもりを結果的に維持することとなっていた。母親の気持ちとしては、食事くらいしっかり食べて欲しいという親心なのであろう。青年は部屋を暗くして独り言を話していることもあるということで、私たちは精神病の可能性も視野に入れていた。そのような中で、私は母親に、数年ぶりに重要な法事が実家で開かれるから、ということを理由にして家を空けることを提案した。青年には「食事などお父さんにお願いしてあるから」と手紙を残して、という方法である。特別な状況には、特別なことができて、特別な反応を引き起こすことができる。これが私のひきこもりへのアプローチの鉄則である。

両親はそれを実行した。飄々とした父親は良い仕事をした。「弁当買ってきたよぉ〜食べよぉ！」と二階の青年の部屋に一階からずいぶん能天気に声をかけた。すると青年は二階から降りてきた。すかさず父親は

「何か合いそうなワインない？」と、ひきこもる前に青年がワインのコレクションを趣味としていたことから、能天気にお願いした。青年は二階に行き、ワインを一つ選び、ワインとワイングラスを持って一階に降りてきた。そして、父親にワインをついだ。父親は「一緒に飲まない」と言ったが、青年は「今はいらない」と応じた。

しばらく日にちが経って、母親が帰宅した。母親は家族システムの変化に気づいた。そして、「食事を一階のテーブルに置いておくから、食べ終わった食器を二階から盆で持ってきて、置いてある新しい食事と取りかえて、二階に持っていくように」という新たなルールを母親は青年に伝えていた。それもすんなりそのようになっていた。

そんな折、ほんとうにたまに、息子の昔の友人が家を訪れることがあった。しかしながら、初期に息子が会わないと言ったことから、友人が来るたびに玄関で帰ってもらっていた。しかし、変化が生じていることで、今回は「どうぞ、二階に行ってみて」と母親は息子の友人に言ったのである。しばらくすると友人と息子の二人でバタバタ階段から降りてきて、そのまま出かけた。青年はまずは髪を切った。それから一カ月間の間に、車の車検、もとの職場への挨拶を済ませて、次の面接のときにはもう働いていた。

このケースはチーム・アプローチ（面接室はセラピストが二名、隣の部屋に数名の専門家治療チームがいて、モニターで面接を見ていてセラピストに協力するというもの。なお、こうした設定に関してはクライエントの許可を得ている。この設定を理由に、面接を断るケースはほとんどない）であったが、この激しい変化に、チームにいる専門家の数人はうつからの躁転を疑った。そのため数カ月、フォローアップしたが、青年はそのまま順調であった。

二十五年以上ひきこもっている男性について、ごきょうだいの方からの相談である。その男性はすでに五〇歳を越えている。父親は他界しており、母親は認知症でケースワーカーがついている。ごきょうだいはこのケースワーカーからの紹介で来談した。野口修司君と私がこのケースに対応した。基本的には、ごきょうだいから「お願い」をするという方法で小さい変化を導入した。お願いというのは役割を与えることとは違う。これをやってもらえたら助かる、というのがお願いである。

男性にお願いをすると動いてくれることが分かった。また、お礼に千円を渡すと、週に一回は外に出かけるようになった。ごきょうだいは週に一回しか外に出ないというが、千円はほぼ週に一回渡しており、それを使いきったら外に出る意味がないであろうことを私は話した。「五〇歳を越えた男が無一文で、外で何をすればよいというのですか！」

そのような小さな変化が生じて、システムが動き始めている中で、東日本大震災が発生した。相談室は閉鎖された。私たちは被災者の心理社会支援で膨大な作業を余儀なくされた。そのような状況の中で、私はこのケースのことを思い出した。ごきょうだいの「兄はプライドが高い人です」という言葉である。私はボランティアをお願いしたらよいのでは！と思った。お願いをきいてくれること、プライドが高いこと。ボランティアは他者のため、そしてプライドが傷つかない仕事である。私は野口君にケースワーカーに連絡を入れて、震災ボランティアを紹介するように伝えた。この男性はボランティアで働き始めた。そして、しばらくして、その団体のスタッフとして勤務していることを聞いた。特別な状況には、特別なことができて、特別な反応を引き起こすことを物語っている。

MCRでは訪問支援をする。近年はアウトリーチなどと言われている。ひきこもりでは訪問支援をできる支援システムを持たないと難しいケースがある。現在は、カウンセリング・オフィス仙台という相談機関で訪問支援を実施している。ここでは訪問支援の鉄則をいくつか述べておく。

第一に、親などの面接を必ず行うことである。そして、親面接と訪問支援の一体化である。これは私がMCRで示した方法である。第二に、訪問支援する人は、カウンセラーとして訪問しないことである。カウンセリング・オフィス仙台では生活指導員として訪問する。カウンセラーであると次のようなことが起こる。「なんだかんだ言っても、働いている人間に自分のことを理解することはできない」と言われたり、「もう話すことがなくなったから、会う必要がない」と言われたりすることとなる。生活指導員であれば、「気持ちとか分かってあげられないけど、外に出るためのお手伝いはできるよ」「人が大勢いるところが苦手ならば、今度二人で食事に行って慣れてこよう」などということになる。子どもたちの場合は、家庭教師というのが良いであろう。しかしながら、生活指導員と呼ぼうと、家庭教師と呼ぼうと、彼らは短期療法の訓練を受けた人であることを忘れてはならない。第三は、生存確認のために会う必要がある、という大義名分である。そのような大義で訪問するが、その際、ケースによっては何月何日何時ということを明確に伝えないほうが良い場合がある。それは刃物など危険な物で防衛や攻撃の準備をする場合があるからである。そういう危険がありそうなケースでは、突然の方が良い場合もある。

文献

・斎藤暢一郎・若島孔文　2011　社会心理学的疾患　ひきこもり　In：五十嵐　隆編　小児科診療ガイドライン—最新の診療方針［第2版］　総合医学社、pp.490-493
・若島孔文　2019　社会心理学的疾患　ひきこもり　In：五十嵐　隆編　小児科診療ガイドライン—最新の診療方針［第4版］　総合医学社、pp.660-663

35. 家族再統合（犯罪）

神奈川被害者支援センターの設立期のメンバーであった私は犯罪加害者の家族に関心を持っていた。犯罪加害者の家族もまた被害者であるからだ。若い女性のケースであったが、精神病であった同居しているきょうだいが家に火を放ったのである。この若い女性は犯罪被害者であるとともに犯罪加害者の家族であった。

そんなことから犯罪加害者家族に関心を持った。そして、ある男性が刑務所内から手紙を送ってきたのである。この男性との手紙でのやりとり後、私は刑務所に通った。面接は刑務所内の面会室にてその男性と刑務所内の記録者が同席し、仕切り越しに話をした。陪席は狐塚貴博君であった。

まず、私は挨拶をするとともに、同席する狐塚君を紹介した。男性は丁寧に「遠いところすいません」と礼を述べ、自身の名前を述べた。私は「手紙だとなかなか話が進みませんので」と述べて、男性に対して「この面接を通してどうしたいとお考えでしょうか？」という開始の質問を行った。男性は「お手紙でも申し上げましたが、高齢になる母親が私の子ども二人と実家に住んでいます。あと五年で私は出所しますが、帰るところが実家しかないので子どもと同居することになります。子どもたちとの関係を修復したいのです」と述べた。

この男性は妻を殺害し、懲役十年の判決を受けていた。さらに男性は、母親とは手紙でやりとりしていること、四年前に長子宛に手紙を書いたが、それを長子に渡すことを母親に拒否されたこと、子どもの様子は母親の手紙を通して知ること、また子どもたちが妻を殺害する現場を目撃していたので相当なショックを受けているので修復は難しいのではないかということなどを話した。子どもたちにしてみれば、父親が犯罪の加害者であり、母親が犯罪の被害者ということになる。しかも殺人である。

私は「お子さんの様子はいかがですか?」と訊ねた。男性は「母親に写真を送ってもらったことがあります。また母からの手紙では元気にしているとありました。長子(事件当時十三歳)は十八歳になり県立高校を今年に卒業しました。次子(事件当時十歳)は十五歳になり中学生になりました。そろそろ私の気持ちを伝えたい。しかし母の意見を尊重したい」と語った。母の意見というのは「ゆっくり、焦らず」ということだ。

さらに事件について男性は語った。「妻を殺害した動機について裁判では私の死期が近いと考え、私の死後、妻が他の男性と一緒になることに耐えられず嫉妬心から殺害しことになっていますが本当は違います。

妻がアスベストを吸い込んでしまって妻の死期が近いという妄想のようなものにとらわれて、殺害してしまいました。当時のことは良く覚えていないというより錯乱してわけが分からなくなっていました。今思うと妄想にとらわれていて、イライラしていました」と話した。私は「今はいかがですか、薬や妄想は」と質問すると、男性は「当時は医者に神経症と言われ、睡眠薬と安定剤を処方されていました。今は飲んでいませんが入所した時は飲んでいました。三十三、三十四歳の時にも精神科に通っていたことがありました。その時はエイズが気になって電話から感染するような気がして、そのことに囚われていました」と応えた。さらに男性は「事件の時のことは自分でもよく分かりません。焦燥感というかイライラというか……急に妻を殺す場面が頭に浮かんできて……」と付け加えた。

私が「私がお母様に会う必要はありますか？」と質問すると、男性は「お願いします」と述べ、住所と家族の名前を伝えた。さらに男性は「母親は報道の被害にあって人目をしのんで生きています。しばらく連絡がとれないので心配しています」と付け加えた。私は「お母様に会えそうであれば会いたいと思います。一度手紙で伝えてからにしようと思います。会えるか分かりませんが試みて、お母さんの気持ちと子どもの気持ちを聞いてみたいと思います。まずはここから始めます」と伝えた。男性は「今、妻の供養のため写経をしています。仕事も真面目にやっています」と話した。最後に私は今後の支援を約束し、面接を終了した。

私は男性の母親に連絡するが、連絡はつかなかった。男性は、子どもたちに謝罪し、子どもたちのために生きていきたいと、その後も手紙や面談を通じて私に伝えた。この男性が子どもたちとの同居にこだわっていたので、私は次のように介入した。「出所後すぐに同居することを子どもたちは望まないであろう。だから、子どもたちのために生きるのであれば、子どもたちの意向に沿うことこそが大切である。会いたくないと言えばその意向に従い、会いたいと言えばその意向に従えばよい」

男性は同居にこだわったが、この介入を私は何回か繰り返した。そして、男性は出所することになる。出所する前、身元引受人の話、更生保護施設の話をした。男性は更生保護施設に入ることとなった。母親や子どもたちとのやりとりは「ゆっくり、焦らず」である。その距離感で関係を続けることが、この家族の形である。

この男性は精神病の症状によって、妻を殺害したかどうかは私には分からない。しかしながら、混乱した状態で、妻を殺害したことは、その通りなのだと思う。男性は理想の家族像、それはもう一度みんなで暮らすということを求めたが、家族の形はさまざまであってよい。「子どもたちのために」と考えるならば、トラウマティックな体験をした子どもたち、そして成長した子どもたちがどのような形を望んでいるかを問い、その意向に従うことこそが大切である。この家族の形から男性は再スタートすることになる。

36．家族の形

男性とその母親が相談に訪れた。母親は長男とその子ども（孫）について心配していた。一緒に訪れた男性は次男である。次男はしばらく実家を離れて暮らしていたが、今は母親と暮らしており、長男とその子どもは同じ敷地内の別棟で生活している。母親は長男にもっとしっかりして欲しい、もっと自立して欲しいと訴えた。

長男は軽度の知的障害があり、障害者手帳を取得しており、障害者枠で仕事をしていた。母親は長男にもう少ししっかりして欲しいと言うのは、孫娘のことを心配してのことだ。孫娘は小学校高学年になるが、長男は父親らしいことができないと言う。普段は物静かな長男であるが、孫娘とテレビのリモコン争いをして、泣かせてしまうなど大人げない行動をしたり、たびたび仕事に行きたくないと言ったりする。

母親は孫娘を不憫に感じている。次男はこころある人物であった。しばらく実家を離れていたが、戻ってきて以来、母親のことを心配し付き添い、兄のことを心配し、この姪っ子のことを可愛がっていた。ひきこもりがちな兄の代わりに、姪っ子を遊園地などに連れて行ってあげた。また、長男である父親は親として確かに十分ではないかもしれない。でも娘が友だちを家に連れてきたときは一緒にゲームで遊んでくれた。そして、行きたくないと言いながらも仕事をもう十年以上続けていた。

母親も次男も温かいこころを持った、情の篤い人である。長男も孫娘もこんなにも温かく情の篤い家族と生活しているのだ。私はご長男が知的障害を抱えながらも、仕事をし続けてきたことは私たちが考える以上に努力しているに違いないことなどを話したうえで、ご長男を変えることよりも、どうやってみんなでこの孫娘を育てていくかということを主題とした。

母親は長男が仕事に行きたくないと言ったとき励まし、長男家族の生活の支援をしていた。次男は長男に代わってもう一人の父親かのように兄の娘を支援していた。このことを私はコンプリメントした。そして、今まで行ってきた母親と次男のサポートをこれからも続けて欲しい旨を伝えた。母親は次男に迷惑をかけていることに自責していた。私は「迷惑を掛けてよい人には迷惑を掛けたらよい」と次男に目で同意を求めながら母親に話した。次男は強く、熱く、私に同意してくれた。

母親は涙した。次男の言葉によって自責からの解放に向かい始めた。私は「お孫さんが成長してきて、きっとお父さんをサポートするようになるだろう」と近い未来のことを話した。この娘さんはすでに父親が他の父親と違うことに気づき始めていた。「お父さんは子どもみたい」と言うこともある。
私は次のように介入した。「お父さんはみんなのサポートが必要なんだよ。だから、みんなでサポートしていこうね。○○おじさん（ご次男のこと）は○○ちゃん（お孫さんの名前）のもう一人のお父さんだからね」とお母さまからお孫さんにお伝えください。そして「私は○○ちゃんのお姉さんだと思いなさい」（ジョーク）と加えた。母親とご次男は笑った。そして母親は今日一日で気持ちがとても晴れやかになったと言い残し、面接を終えた。

私はこれが家族の形であると考えている。理想的な家族像や正常な家族像に囚われてはいけない。家族という単位で迷惑を掛けつ掛けられつフォローをし合えばよい。その単位でフォローできない場合、社会システムの中で迷惑を掛けつ掛けられつフォローし合えばよい。家族をフォローすることで自分のやりたいことができないこと、制限もあるであろう。しかし、それを否定しては社会は成り立たないのである。

37. 家族再統合（虐待）

二〇一〇年十二月から宮城県中央児童相談所と共同で家族再統合のためのプロジェクトが開始された（若島ほか、2011／狐塚ほか、2012／平泉ほか、2013）。これは当時の児童相談所所長と私がシンポジウムでのやりとりすることがきっかけであった。この家族再統合のためのプロジェクトとは、学校や警察、医療機関等からの通告により児童相談所が被虐待児を保護、または家族に介入したケースに対し、再度、被虐待児が家族に戻る、もしくは家族と共に生活しながら、再度、家族として機能できるよう心理療法的介入を行うことである。私たちが重要視している点は、外部機関としての援助の利点、ラポール形成に関する工夫、保護者が問題であるという視点ではなく援助すること、子どもの気性や発達の視点、ステップファミリーとしての家族関係の発達の視点である（若島ほか、2011）。ここではいくつかの事例の要素を集めたモデル・ケースを紹介する。

被虐待児は小学校四年生の男子である。軽度の知的障害、落ち着きがないなどの特徴がある。本児が通所している児童センターへの欠席が続き、児童センター職員が自宅を訪問した。まるでパンダのようにと表現されるように、顔面や身体の数カ所にひどい打撲の跡があり、児童相談所は虐待と判断し、保護することとなった。

怪我については母親（継母）より「子どもが暴れて怪我をした」と説明される。本ケースの面接は父親（実父）とのみ約二週間に一度行われ、五回のセッションで終結となった（児童相談所が最終判断を下した）。

初回面接で、父親は、「そもそも叩いてない、妻とつかみ合った時に、息子が逃げて怪我をしたようで、私が帰ってきて気づき、応急処置をした。もともと、怪我をよくする子だ」と話して虐待を否定した。再婚してから妻は二年間ずっと子育て相談に通っているが上手くいかないこと、やっと家族になりかけていたところだったことを付け加え、児童相談所の対応に怒りや不満をあらわにした。息子については、「キレやすく、こだわりが強い子どもで、きょうだいや友人と喧嘩することも多い」と話し、しきりに子どもを家に戻して欲しいことを訴えた。セラピストは、「お父さんが言うことは理に適っていますし、とても気持ちは分かります。でも、児相と正面からやりあっていても保護期間が短くなることはないでしょう。児相の提案に乗ってうまくやっていく方がいいと思います。私たちは第三者なので、中間に入ってうまくやることもできます。重要なことは、お子さんが戻ってからのご夫婦での対応、子どもを早く戻せるようにすることです。そのためにお子さんにどのように対応するかを話し合う必要があるんです。その経過を私たちから児相に伝えることもできますし、正面からぶつかるよりうまく伝えられると思います」と伝え、虐待の有無を確認することではなく、父親の面接への動機づけと子どもへの対応を検討するという目標の設定を行った。

第二回面接では、息子の問題行動に対する父親の取り組み、家族関係について、という二点を中心に情報収集を行い、夫婦間の子育て観の違いによって、息子がどう家族関係を見ているかという視点から介入を行った。父親は、息子が言うことを聞かない時、やってはいけないことをした時の対応について、時に厳しくし、自立を促すような子育て観について話した。一方、母親との子育て観の不一致も話される。「生まれた子どもは0から子育てできますが、連れ子に関してはお互いの子育て観が出てしまう」という言葉に表されるように、妹と母親、この息子と父親という家族サブシステムがある。このサブシステムは血のつながった親子関係であるとともに、歴史を有することと、女性同士・男性同士というものでもある。妹は母親に甘えられ、息子は父親が自立を尊重していて甘やかさないため、息子の視点からは、母親と妹の結びつきが強く、そこには壁があると考えている可能性が伺えるのだ。息子からの視点で考えることは家族関係の再調整に有効であると説明し、セラピストは、母親と息子が何か特別な関係を作れることと、夫婦が特別な関係で夫婦仲は崩れることがないということを子どもたちに示す、という提案（介入課題）を行った。

第三回面接では、面接の前に児童相談所と口論になったようで、父親が不機嫌なまま面接が始まり、自分が頑張れば家に帰れると思っている息子に会うのが辛く、息子以外の家族で遊びに行くということが息子に申し訳なくできない、休日は自宅で過ごす日が続いていることが語られる。また、夫婦での会話も否定的になり、会話も少ないと語る。しかし、息子が戻ってきた時には、家族で食事や公園、カラオケやボーリングに出かけたいと話し、頼れる学校の担任がいることや、祖父母が近くに住んでいて協力してくれるというリソースについても話し合った。再度、父親は息子がいつ戻ってくるのか、そして息子が戻ってこないと問題解決の方法や困難な状況を把握できないことを訴えた。セラピストはこの面接の意義を再度説明し、息子が戻ってきた時のイベントを話し合った。

第四回面接で、父親は話し始める。妹は母親に話しかけることが多く、父親が不在の時、息子は孤独感を感じているというエピソードだ。また、母親が息子に関わるものの、妹よりも息子は理解する力が乏しく、できないことも多いため、一生懸命関わっているのに、母親もうまくいかないという現状についても語った。父親は、母親と妹、父親と息子という壁ができていることを問題とし、父親は「母親と息子を近づけるように、母親から息子に頼み事をする、話しかけるなどしたが、妹が母親にべったりで、息子が間に入れない」と話す。セラピストは、まずは夫婦で共同作業ができるようにすることの重要性を説明した。そして、再婚により一つの家族として結びつきを求める父親の苦労、そして、母親と息子とのつながりに焦点を当てていくことが本面接では重要になると考え、「どんな話題でも母親が父親の話を聞いてくれた時や穏やかに話せるときを観察してくること」を課題とした。これに対し、父親は「家族を再度結びつける最後のチャンス」と話し、高い動機づけが感じられた。この時点で、児童相談所の判断により、息子を家族に一時的に戻すことが父親に伝えられた。

第五回面接は少し時間をおいて実施された。セラピストは最近の家族の様子について尋ねた。息子は父親がいないと学校に遅刻しそうになるまで寝ている時があるなど問題はあるものの、父親がいなくても宿題をしたり本を読んだりと母親と落ち着いて過ごす機会が増えたこと、夫婦で子育てについて話せるようになったことなどを話した。セラピストはこのようになるために父親が努力したことを問うた。今まで息子が騒ぐなどの問題があると、まず父親が不機嫌になり、父親が怒り出さないために母親が忖度して息子を叱り、息子は母親の言うことを聞かず、結局、父親が怒り出すというパターンがあったことについて述べた。しかし、最近では父親が母親を立てて一歩引いていること、父親自身のしつけを母親に押し付けていたことについて反省し、少し我慢して母親に任せることを心掛けていると話した。これには母親が父親に自身の思いを書いた手紙を渡し、それを父親が否定せず受け入れてくれたことも関係していた。また、息子が中程度の生活障害と軽度の知的障害が認められ、支援の対象になることがわかり、今後、専門機関で心理士や医師と相談して、子育てを夫婦でやっていくことについて話した。セラピストは夫婦で協力して息子に関わる姿勢をコンプリメントし、もしうまくいかなくなったら私たちの相談室へ連絡することを伝え面接を終結した。

このように外部機関が家族再統合を試みるというシステムは、たいへん優れた支援システムになるであろうと考えられる。児童相談所と情報の取り扱いに関する規約を作成し、外部相談機関が支援する。外部機関の利点は子どもの保護を行った当事者ではないということである。だから、児童相談所の職員と怒鳴りあいをしているすぐ後でも、落ち着いた面接が十分可能であることを私たちは知った。多くの場合、彼らは鬼ではなく、ただの人間だ。私がこのプロジェクトで行った最初のケースなどはまさにそういうケースであった。私たちの家族再統合プロジェクトはおそらく今後の支援のあり方のパイロット・スタディになることであろう。

文献

・若島孔文・長谷川啓三・狐塚貴博　2011　東北大学臨床心理相談室における家族再統合プロジェクトについて　東北大学大学院教育学研究科臨床心理相談室紀要、9, 17-20

・狐塚貴博・平泉　拓・若島孔文・長谷川啓三　2012　東北大学臨床心理相談室における家族再統合プロジェクトについて（2）―2011 年度の報告　東北大学大学院教育学研究科臨床心理相談室紀要、10, 65-68

・平泉　拓・狐塚貴博・森川夏乃・兪幜蘭・栗田裕生・野平靖子・若島孔文・長谷川啓三　2013　東北大学臨床心理相談室における家族再統合プロジェクトについて（3）―2012 年度の報告　東北大学大学院教育学研究科臨床心理相談室紀要、11, 22-24

38. 大災害の心理社会支援における理念の重要性

東日本大震災が発生し、長谷川啓三先生の研究室と私の研究室では、行政機関、地元のＮＰＯ、日本臨床心理士会など、被災者支援に関わるさまざまな機関から心理士の派遣や援助の要請を受けた。東日本大震災ＰＴＧ心理社会支援機構（以下、ＰＴＧグループ）という名称で活動を始めた（参考として、若島・長谷川、2012／長谷川・若島、2013／長谷川・若島、2015）。

震災後、複数のメンバーが複数の現場で支援活動していく中で、私たちが重要視したのは、各現場のメンバーが支援方法を迅速にプランできることや、他機関や行政などと連携のための折衝・交渉を行えるために、意思決定を迅速にすることであった。そのために私はＰＴＧメンバーが基本的事柄に関する共通認識を持つことが大切と考え、二つの研修会を計画した。

その一つはInternational Medical Corpsによる災害支援ワークショップ（二〇一一年五月二十一日・二十二日）、もう一つが佐藤克彦先生による「ＰＴＳＤの理解と対応」ワークショップ（二〇一一年七月三十一日）

の開催であった。前者は理念を明確化するために役に立つものであり、後者は具体的支援のあり方を明確化するために役立つものであった。

ＰＴＧグループでは初期から被災地域の方々とのコミュニケーションを大切にし、現地での調査活動に基づく心理・援助プランを現地の方々（被災地域の方々、ＮＰＯ、議員など）の協力を得ながら構築し、実行し、さらに速やかにプランを修正していくことを援助の基本方針とした。また、ＰＴＧグループにおける社会活動は、国際的ガイドライン（Inter-Agency Standing Committee）や Psychological First Aid（National Child Traumatic Stress Network や National Center for PTSD）を参考に、次のような理念に基づき支援活動を遂行することを明確化した。

その一つ目は、エドワード・デシ（Edward L. Deci）のこころの基本的ニーズ、すなわち、自律性、有能感、関係性を尊重すること、二つ目は避難所、支援チーム、ボランティア、被災者家族や地域などさまざまなシステムの自己組織性を信頼し、それを活性化すること、である。これらがＰＴＧグループの支援活動の大きな柱となっており、この理念は、電話相談、行政支援、仮設住宅での支援、在宅避難者への支援活動に具体的に応用された。

東日本大震災のような大規模な震災における臨床心理学的アプローチとして大切なことは専門性を被災者

に適用しないことである。それはあたかも支援者が完全に適切なことを知っているような態度と行動をとることを意味し、これが即座に、被災者を受動的な存在に拘束することとなる。したがって、私たちが被災者の役に立つためには、より抽象度の高い理論や戦略が必要とされる。

具体的には、被災者ファーストの視点に徹して、被災者のニーズを声として把握していくことである。この姿勢を間違えると、被災者支援どころか、支援者の行動こそが問題となり、「こころの支援お断り」とまで張り紙されるまでになる。私たちの経験では、初期に専門家姿勢を強く持ってきた専門家ほど、現地では役に立たなかった（受け入れられなかった）という印象である。

次に中・長期的支援体制の構築について述べていく。狭い意味での臨床心理学的アプローチのニーズは被災後すぐのタイミングではなく、時間の経過とともに徐々にそのニーズが増加していく。そのような観点から、ＰＴＧグループでは緊急支援だけではなく、それよりもむしろ中・長期的視野に立つ支援体制を構築することを念頭に置いた。また、中・長期的視野における心理・社会支援体制の構築のために、資金や人材的課題を含め、他機関との連携を重要な課題とした。

二〇一一年三月末から複数のＮＰＯとの連携を開始した。被災地のＮＰＯは被災地の住民であり、その地域の特徴を物理的にも文化的にもよく把握している。先にも述べたようにＰＴＧグループは被災者や被災地域の各種機関のニーズを重要視する。被災地のＮＰＯとの連携は、現地基幹大学として被災者と長く関わっていく上で大変重要なことである。以上のような活動と並行して、二〇一一年五月より行政支援が始まって行く。

ＰＴＧグループは避難所でのニーズ調査からはじまる電話相談、行政支援（石巻市役所、仙台市役所（消防局・消防団含む）、南三陸町役場、第二管区海上保安部など）、仮設住宅での支援、在宅避難者への支援など広がりを持ち、また、時間の経過とともにその支援のあり方や場所を変更していくことにより、よりニーズに沿った支援が可能となった。各支援に対しては、リーダーや担当者がいる。リーダーや担当者はその時々で、被災者や被災者支援に関わるさまざまな組織と折衝・交渉が必要とされた。その際のやりとりは理念を共有しているので非常に効率よく行われた。

他機関との外部交渉だけでなくＰＴＧ内での内部交渉も全て理念に基づいたものであり、細かい点は担当者がその場で基本的に決断できる状況になっている。被災者支援において必要なことの一つは即断・即決である。それを可能とするのは理念の共有に他ならない。

以上、ＰＴＧグループの心理支援の基本理念について述べた。それは（１）デシによるこころの基本的ニーズである自律性、有能感、関係性を尊重すること、（２）システムの自己組織性を信頼し、それを活性化すること、であった。この二つはある意味で同じことを違う側面から説明したものであると解釈できる。それは私たち支援する側が完全に支援する者となり、支援される側が支援を受動的に受ける者になる、という一方的構図を作らないための戦略である。また、心理中心主義あるいは臨床心理中心主義に陥らないための戦略でもある。こうした理念に基づき、約5年の間被災者や被災地の組織と一緒になって支援のあり方自体を作り上げていった。その後、ここまで述べてきたＰＴＧグループの活動が被災者や被災地の組織にとって真に役に立つものになっていたのか、真に有益と言えたのかについての評価のため、インタヴュー調査を行った。おおむね役に立ったようであった。

文献

・長谷川啓三・若島孔文編　2013　震災心理社会支援ガイドブック─東日本大震災における現地基幹大学を中心にした実践から学ぶ　金子書房
・長谷川啓三・若島孔文編　2015　大震災からのこころの回復─リサーチ・シックスとＰＴＧ　新曜社
・若島孔文・長谷川啓三　2012　東日本大震災ＰＴＧ心理社会支援機構の理念　Interactional Mind, V, 9-14

39. ＰＴＧ――心的外傷後の成長

私たちの人生は何事もなく平穏にというようには行かない。心的外傷を受けるような出来事や体験を私たちは避けることができない。生きることは問題と解決の繰り返しである。だからこそ、そこに喜怒哀楽が生まれ、生きた証としての物語りが紡がれていく。問題のない人生は語り得ない人生であることを忘れてはならない。それが生きていくための土台である。心的外傷後成長（Post Traumatic Growth：以下、ＰＴＧ）という概念は、心的外傷後ストレス障害（Post Traumatic Stress Disorder: ＰＴＳＤ）のような医学的概念（診断名）ではなく、人の人生に関わる概念である。

ＰＴＧという概念そのものは、米国で二〇〇四年に二人の臨床心理学者によって提唱されたものである（参考として、Tedeschi, R. G. & Calhoun, L. G.〔宅香菜子・清水　研監訳、2014〕）。彼らによればＰＴＧはトラウマを体験した後のポジティヴな変化の総称ということであり、トラウマという、つらく厳しい体験をした後にそのネガティヴな側面に目を向けるのではなくて、その結果として与えられるポジティヴな変化に注目しようという概念とされている。

ＰＴＧでのトラウマは何も医学的に言われるトラウマであるとは限らない。ＰＴＧが起こるプロセスとしては、まず個人にとってつらい出来事が起き、そうすると、その人の中では「世界観の揺らぎ」が起こることとなる。世界観の揺らぎとは、簡単に言えば今まで信じてきていた信念や価値観といったものが、個人が体験した出来事によって一度崩壊するということである。その、いったん崩壊した世界観を、また作り直していくという作業を通してＰＴＧが発生していく、という説明がなされている。また、ＰＴＧとＰＴＳＤの症状は、ＰＴＧが上昇するほどＰＴＳＤの症状の度合いも上昇するという研究もある（Taku, K. et al., 2007）。

私たちは誰しもが心的外傷となるような出来事を体験する。重要な他者の死別、病気、事件や事故（その目撃）、いじめやハラスメントのような人間関係での苦悩、極度の経済的苦難など、生きるというのは多かれ少なかれ、このような外傷的体験を繰り返していく。

子どもたちで言えば、親の仕事上の問題、両親間の葛藤や離婚、いじめや不登校という体験、転校や別れ、事件や事故、その目撃などさまざまな体験をする可能性がある。避けて通ることのできない、生きること、生きていくことの宿命がそこにある。ＰＴＧという概念は、生きること、生き続けることという現実の中で、心的外傷を生じさせた出来事を人生に意味づけ、物語りを紡いでいくという、私たちに必要不可欠な自己回復する心の動きを示している。

東北地方の沿岸部の学校に通う男子中学生のケースである（狐塚・若島，2015）。この少年は幼い頃に母親を亡くし，祖母，父，兄の四人で暮らしていた。また，家の近くには叔母（少年の父親の妹にあたる）家族が住んでおり，少年の家族をサポートしていた。少年は少し気が弱いところはあるが，勉強や部活動に熱心に取り組む，そういう意味ではごく普通の少年であった。

二〇一一年三月十一日，少年は東日本大震災によって，中学校にいるときに被災し，強い揺れ，周囲の人々の混乱，津波が押し寄せてくる様子を経験した。その後，少年は何とかして帰宅することができたが，不幸にも少年の父親は津波の犠牲となり亡くなった。その後しばらくして，学校が再開されたが，少年は学校に登校しようとはしなかった。

そのような少年を心配した叔母は少年の家を頻繁に訪れるようになった。少年は，些細なことで癇癪を起こしたり，そわそわと落ち着きがないかと思えば，ぼーっとしたりと，感情の揺れが激しく，不安定な状態であることを叔母は話した。一方で，父親の葬儀の際は特に取り乱す様子もなく，叔母が心配して「大丈夫？」と声をかけたが，返事をすることはなく，上の空であったことも付け加えた。叔母は，「悩んでいるのか，悲しいのか話してくれればいいのに。でも，今は特に深く聞き出そうとはせずに，一緒に過ごすようにしています」と話した。

その後、少年の感情の起伏が少しずつ落ち着いてきたことが叔母から報告された。叔母は一緒に食事をしたり、週末に買い物に行ったりと、少年となるべく時間を共有することに努めているとのことであった。少年が癇癪を起した時には、「いいんだよ」と言って背中をさすることも報告された。また、学校の担任や友人からのサポートもあり、週に二、三回は登校もし始めていた。

時間がしばらく経過し、少年が叔母に甘えられるようになってきたこと、落ち着いていること、徐々に登校の回数が増え、笑顔も見られるようになったことが報告された。さらに、家の片付けをしているとき、父親の話も少しずつするようになり始めた。最終的に、少年の安定した日々が続いていることが叔母から報告され、経過観察となった。

亡くなった父親が戻ってくることはない。大震災以前にタイムスリップすることもない。父親が亡くなったという事実はそこにあるままである。人生の辛辣な体験を抱えながらも、叔母の懸命なサポートと、学校の先生や友人たちのサポートに支えられながら、前に進んでいく。少年自らがこの体験を意味づけて、人生を進めていくことが成長の意味である。辛い体験が心理的問題を引き起こすという概念やモデルが存在する中で、ＰＴＧという概念は暗闇に一筋の光を見せてくれる。そしてこの自然な変化を活用することが私たちの仕事である。

文献

・狐塚貴博・若島孔文　2015　特集　学校コミュニティと学校トラウマへの支援　学校トラウマへの支援―ＳＣができること　子どもの心と学校臨床、13, 26-33.

・Taku, K., Calhoun, L. G., Tedeschi, R. G., Gil-Rivas, V., Kilmer, R. P., & Cann, A. 2007 Examining posttraumatic growth among Japanese university students. Anxiety, Stress & Coping, 20(4), 353-367.

・Tedeschi, R. G. & Calhoun, L. G. 2004〔宅香菜子・清水　研監訳〕2014　心的外傷後成長ハンドブック―耐え難い体験が人の心にもたらすもの　医学書院

40. PTSD・悲嘆反応へのスリー・ステップス・モデル

先に述べたように、震災支援の初期に二つの研修会が行われた。International Medical Corps による災害支援ワークショップ（二〇一一年五月二十一日・二十二日）は理念を明確化するために役に立つものであり、もう一つの佐藤克彦先生による「PTSDの理解と対応」ワークショップ（二〇一一年七月三十一日）は具体的支援のあり方を明確化するために役立つものであった。

この研修会の後、私たちの研究室でまとめられたのが、持続的暴露法よりも現場での適応範囲が広いブリーフセラピーに基づいた〝スリー・ステップス・モデル〟である（参考として、若島ほか、2012）。

悲嘆やPTSDといったストレス反応は、多くの場合に時間の経過とともに少しずつ自然回復していく。しかしながら、それを知らない当事者は当たり前に自身の問題に戸惑い、徐々に回復していたとしても、そのことには気づきにくい。また回復のペースが遅い場合には、一刻もはやく何とかしたいという思いを持つこともまた当然である。そのような問題を抱えた当事者を安心させ、ときには具体的な対処をアドバイスするのがこのスリー・ステップス・モデルである。

スリー・ステップとは次のようなものである。ステップ1では、当事者の現在抱えている症状や反応はその状況を体験したことにおいて当然の反応である、という共感に基づいたノーマライズをする（なお、震災体験直後はより一般的でよいが、時間が経過するの従い、その人に適合した個別性の高いノーマライズが必要となることに注意して欲しい）。ステップ2では、悲嘆反応やPTSD様反応は、多くの場合において時間の経過とともに少しずつ軽減していくものであるということを前提とし、問題が発生してから現在までの間で、その問題の程度に少しでも違いがないかを確認し、これまで主体的に行なってきた対処や行動を支持する。（do more & コンプリメント）。ステップ3では、悲嘆反応やPTSD様反応などは、避けようとすればするほどコントロールできなくなる。よって、あえて積極的に問題に対する意識を向けさせていくなど、何か違ったことをする介入の提示（リフレーミング & パラドックス介入）。

例えば、このスリー・ステップス・モデルを親しい人を亡くして悲嘆にくれる当事者に対して適用する場合、以下のような流れとなる。まずは、親しい人を亡くしたことによる悲嘆は、「そのような状況では当然の反応であり、決しておかしくなってしまったわけではない」「このような状況ではそのようになるのは当然である」ことを伝える（ノーマライズ）。次に、親しい人を亡くした悲しみや苦しさは、時間の経過とともに少しずつ減少していくという前提をふまえ、傾聴しながら、「一番苦しかったとき」を訊ね、それを「100」とし

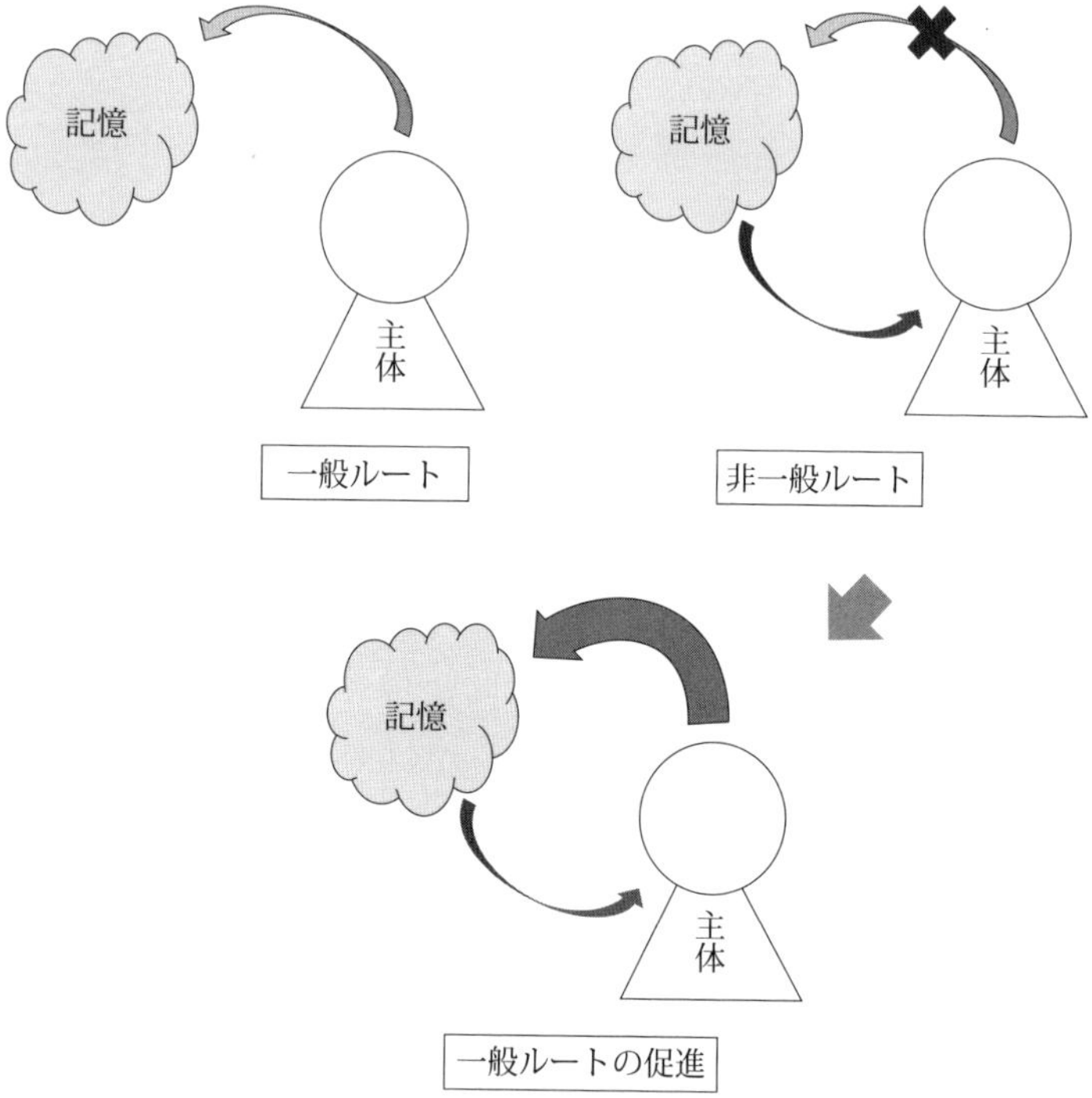

図４　悲嘆・PTSD 様反応の記憶プロセスに関するシェマ

て、「普通の生活していた以前の状態」を「0」として、「今は何点くらいなのか」というスケーリングを実施する。この方法により、点数の変化（改善）に気づくならば、少しずつ改善するために行ってきた当事者の対処行動を支持する（do more & コンプリメント）。最後に、当事者がその記憶にとても苦しんでいるのであれば以下のように介入していく。「その記憶はその人が確かにこの世に存在したという証」であり、「その記憶はとても尊いものである」ことを伝え（リフレーミング）、「毎朝時間を決めて、その人のことを思い出しながら、手を合わせて供養する」ように介入する（パラドックス介入）、といった流れである。

ただし、これは単なる一例であり、必ずしもステップ3まで進む必要はない。ストレス反応を抱える人々は、自身の反応が当然であることや少しずつでも回復していることを実感できた場合、そのまま様子を見ながら生活を続けることを選択する人も多い。その場合はステップ2までで充分な効果が期待できる。自然回復のペースが遅く、日常生活への支障が深刻な場合などにステップ3を用いるとよい。基本的にステップ3はよりコアな部分（不眠、記憶の侵入など）への介入である。ステップ3が困難なときでも、ステップ1・2を大切にすることが重要である。

また、悲嘆やＰＴＳＤ様反応といった記憶に関する問題に関して、次のようなシェマを仮定する。記憶想起のあり方は、私という主体から記憶へアクセスするというルートが一般的であると考える（一般ルート）。しかしながら、悲嘆やＰＴＳＤ様反応における記憶の問題は、主体が記憶にアクセスしていないのに、その記憶が主体に侵入するため、混乱して取り乱してしまう（非一般ルート）。こうした問題を改善するためには、主体から問題となる記憶へアクセスすることで、非一般ルートから一般ルートへと問題となる記憶想起のあり方を戻していくことが必要となる（一般ルートの促進）。そのため、記憶の問題に関する事例におけるステップ3では、リフレーミングとパラドックス介入により、暴露法と同様に、問題へと意識を向けさせるのである。

しかしながら、短期療法では介入の意味づけを工夫することで、介入課題に対する実行可能性を高めていく（より自然にできるように導く）。すなわち、「記憶のルートをもとに戻すために、亡くなった人のことを毎日考えてください」（間接指示）ではなく、「亡くなった人を思い出して供養してください」（直接指示）などと伝えるように工夫する。

職業的災害救助者として遺体回収や探索作業に携わり、また自らも地震や津波の被害を受けることでストレス反応を示した全6事例を対象に、本モデルに基づいた心理療法を実施した。対象者は、災害から約半年後、カウンセリングを自ら希望した人々であった。これら全6ケースで継続の心理療法を実施し、終結までの平均面接回数は一・八三回であった。フォローアップの結果も全て順調であった。このスリー・ステップス・モデルはかなり強力な武器で、たいへん役立つものであることに、私たちは驚いている。

また、ある日のことである。東日本大震災以前に私たちが実施していたＰＴＳＤケースのビデオを見る機会があった。それらのビデオを見ると、私たちはすでにスリー・ステップス・モデルを実施していたのである。やはり、スリー・ステップス・モデルは短期療法なのだとビデオを見ていた私と狐塚貴博君は妙に納得した。

文献

・若島孔文・野口修司・狐塚貴博・吉田克彦　2012　ブリーフセラピーに基づくスリー・ステップス・モデルの提案　Interactional Mind, V, 73-79

41. 被災した子どもたちへの対応

日本では地震、台風、大洪水と、東日本大震災のみならず、多くの災害が生じている。こうした被災にあい親を亡くした子どもたちの事例を踏まえて、悲嘆やPTSD（心的外傷後ストレス障害）を呈する子どもたちへの短期療法について述べた行くことにする（参考として、若島、2012）。

小学校三年生の女子。災害にあい母親を失った。祖母と暮らしているが、祖母によると、ここ最近、孫であるこの女の子が母親の幽霊を見るようになったと言う。祖母は、孫が母親を失ったことで精神的な問題を持つと考え、私のところへ来談した。この女の子は活発そうに見える子どもさんであった。夜になると、母親の幽霊を見ると話した。幽霊ではあるが母親だけに怖いという気持ちはないと言う。

私は「お母さんは何か言いますか？」などと訊ねると、「何も言わない」と言う。「お母さんは何を伝えたいのだろう？」などと話を進めた。祖母は「娘が元気にしているか様子をお母さんは見に来ているのではないか」と話した。女の子は横でうなずいていた。「もしかしたら、お母さんは○○さん（女の子の名前）のことを心配しているのかもしれないね。毎朝、仏壇に水をあげるとき、お母さんのことを思い出して、○○さんが元気でやっていることを報告して、供養してあげよう」と介入課題を提示した。それ以来、母親の幽霊が出てくることがなくなった。女の子と祖母は仏壇に手をあわせ、母親を供養することを続けた。

小学校四年生の男子。父親を津波で失った。母親とともに暮らしているが、登校を渋るようになり、断続的な不登校状態になり始めていた。心配した小学校の担任の先生（短期療法を身に着けている教員）は、この少年と話をすることにした。少年は自らの悲嘆も語ったが、母親の悲嘆がより強いものであることを心配していることを話した。担任の先生は「○○君（少年の名前）、はやく立派な大人になって、お母さんを助けてあげなければいけないね」と話した。少年は「どうしたら立派な大人になれるの？」と訊ねた。先生は「立派な大人になるには、一生懸命勉強して、一生懸命に遊ぶこと」と話した。少年は頷き、その後、不登校の問題が解消されていった。

こうした子どもたちの問題に大人は怯まずに、向き合うことが大切である。覚悟だ。親を亡くした子どもに精神症状が見られた場合、精神科に連れて行こうなどと焦ることは多くの場合必要ない。こうした問題は多くのケースで見られることであり、それを問題として意味づけるのか、そうではなく肯定的なものと意味づけるのかにより、その後の展開は大きく異なる。亡くなった母親の幽霊という現象を問題として意味づけた場合、その問題は次なる問題を生み、大きな問題に発展していく可能性がある。一方で、肯定的な意味づけをして、周囲の大人が向き合えたならば、問題は急速に収束していく可能性が高い。そのために必要なことは周囲の大人こそがどっしりと構えていることである。大切なのは怯まずに向き合える姿勢である。また、母親を思い出すことを周囲が肯定的に捉えることにより、一般的な記憶のあり方の中に母親についての記憶を置くことができるようになる（若島ほか、2012）。

人は「自分のために」と考えることで動機づけられる場合と、「他者のために」と考えることで動機づけられる場合がある。少年のケースでは「母親を助けていくため」という意味づけが元気を取り戻していくための動機づけとして役に立っている。大人は子どもたちに対して、「あなたのため」「あなたの将来のため」などと子どもを動機づけようとする傾向にあるが、子どもたち（あるいは大人でもそうであるが）を動かす動機づけの仕方、そのポイントは、「他者（社会）のため」と動機づけることである。

子どもたちは、活動することにより、辛さや悲しみを自己回復していく。心理療法のような言葉のやりとりだけが自己回復を導く方法というだけではない。東日本大震災の後、まだ水やガスが出るか出ないかという状況の中でも、宮城県内の学校がスタートしたことはとても良いことであった。先生方の努力で、早期に学校が再開したことで、子どもたちは活動を再開できた（若島、2011）。

親を亡くした子どもたちが不安定になったり、多動になったりという問題行動を示すことがある。しかし、喪失や悲嘆とは、人類が古の時代から常に体験し続けたことであるし、多かれ少なかれ、私たちはそれを避けて通ることができない問題である。全ての人々は、喪失とそれによる悲嘆を繰り返し体験する運命にある。人類がそれらを経験し続け今日に至っているということは、喪失や悲嘆という感情を自然に治癒していく心理的処理能力と社会・文化的処理方法を持ち合わせているということをも意味している。仏壇に手を合わせ供養するという習慣が社会・文化的処理方法の一つである。

宮城県南三陸町のある地域の被災者たちが皆で行なった震災川柳も、社会・文化的処理方法の一つとして理解できる。震災という苦難を川柳にすることにより、気持ちを吐き出し、うちひしがれているだけではなく、前に歩み出すきっかけを与えてくれるのである（東北大学長谷川研究室・若島研究室川柳グループ、2011）。

私たちは災害の前では、無力でもろい存在である。しかしながら、それを自己制御する強さを持つことも忘れてはいけない。その際に重要なことは精神医学や臨床心理学のような近年における対処方法だけではなく、社会・文化的、歴史的対処法を見直し、それらを利用していくことが望ましい。一周忌、三周忌、墓参りなどを通じて、周囲の大人は亡くなった人がどんな人であったのか、子どもの成長に合わせて語っていくことが大切である。亡くなった親についての記憶は悲しみの対象であるだけでなく、親がこの世に確かに存在したという証でもあるということを私たちセラピストは忘れてはならない。

文献

・東北大学長谷川研究室・若島研究室川柳グループ編　2011　震災川柳　東北大学大学院教育学研究科長谷川研究室
・若島孔文　2011　被災した児童・生徒の心のケア　教育展望（9月号）、57(8), 25-30
・若島孔文　2012　こんな子をどう援助するか・親を亡くした子「児童心理」（10月号　特集・笑顔のない子）、956, 61-65
・若島孔文・野口修司・狐塚貴博・吉田克彦　2012　ブリーフセラピーに基づくスリー・ステップス・モデルの提案　Interactional Mind, V, 73-79

42. 自死予防対策——弁護士との連携

東日本大震災での心理支援を進めていた私は、自死の問題がとても気になるようになっていた。それは被災者の自死という問題だけではなく、二〇一一年当時まで毎年三万人以上の人々が自死で亡くなっていたからである。そして、私の叔父も自死したという身近な問題であった。そんな折、仙台市自殺対策連絡協議会委員への依頼があり、また同時期に、仙台市弁護士会の自死対策ワーキンググループの弁護士が研究室を訪れた。こうしてやるべき時が来た。

弁護士の先生方と私の研究室のメンバーで、毎月、勉強会が開かれた。自死の推移が失業率、犯罪率、離婚率、刑犯罪率などとどの程度相関しているかなどを調べたりした。こうした変数との関連があるとすると、弁護士が出会う人々の自死率が一般のそれより高いということになる。弁護士はこうした変数に関わる人々と会う仕事なのだ。結論から言えば、弁護士と心理士の連携が自死を減らすために有効であるということになる。

二点補足が必要である。一つは精神科医ではなく、心理士との連携が必要であるということ。統計では、うつ病などの精神疾患で自死していると言われているが、このうつ病というのが多くの場合、心理社会的要因に対する結果であるということである。心理社会的要因について、変化を起こす契機を作り、そうした状況をどのように乗り越えるかを支援するのは、心理士の仕事である。もう一点は、私は自死を否定しているのではないということである。死ななくてよい人が死ななくてよくなることが大切だと考えている。

うつと診断されている女性が来談した。女性は夫との離婚裁判をひかえているが、不安、人ごみが怖い、外出に困難があり、また自殺企図がある。夫が突然、家を出た二年前から現在までの間に、死のうと思い薬の大量摂取を三回行っている。頼りにしていた実家の父親からは、「二年も病気が治らないのは努力不足だから」と言われ、実家への出入りを禁止された。それゆえ、重要なサポート源が奪われた状況である。裁判においても、この女性は夫と離婚したくないにもかかわらず、離婚の方向性で進んでいく可能性が高かった。そのため弁護士は、これまでの女性の経緯から自死を心配し、裁判と並行しながら心理面接を受けることを提案した。その提案をこの女性は了承して来談した。

初回の面接では、この女性がかなり重いうつ状態で来談したことから、私は病院に入院することを提案した。女性は夫と二人で暮らしていた自宅に一人で生活しており、行動範囲や食事面など極度に制限された生活をしていた。そのため私は、女性の日常生活での活動性を高めること、食事の量を少しずつ増加するなどの話し合いをした。

その後、二週間に一回のペースで面接を進めていく。第六回面接で女性から夫との離婚を受け入れることにしたと話された。裁判において夫から経済的・精神的な攻撃を受ける中で、夫に対する見方が「このような夫とはやっていけない」という認識に変わっていき、離婚を受け入れていくこととなった。この女性はたいへん不安定な状態であったが、裁判で自らの意見を表出できた。弁護士が「よく頑張りましたね」という言葉をかけてくれたことにたいへん勇気づけられたとのことであった。

そして、裁判は終了し、離婚という結果になったものの、女性は納得した様子であり、心理状態の改善が見られた。なお、第九回面接では、実家の両親および職場の上司との個別および合同面接も行われた。そこでは、この女性にとって実家が大切なサポート源であるため、心理的問題や仕事への復帰については心理士と職場の上司で責任を持つので、実家では心理的問題や仕事への復帰の話はせず、心理的にサポートすることが必要であることを話し、提案した。その後も、私は職場復帰をするまで、面接を続け、仕事に慣れるまで見守り、面接を終結した。

夫の不貞行為を責めたことを理由として、夫から離婚を切り出されたということで、若い女性が来談した。そもそも夫が不貞行為を行ったにもかかわらず、夫が離婚を切り出すという理不尽さや話し合いをしようとしないことにこの女性は落胆していた。夫と知り合ってから一〇年の間、夫の暴言や軽度の暴力を我慢してきていた。この一〇年間は何であったのか、この一〇年は無駄な時間であったのかなどと考える中で、高い場所から投身を試みようとして、警察に保護された。弁護士はこのような経緯の中、裁判を進めていくことを心配し、この女性に心理療法を受けることを提案した。その提案を了承し来談した。

初回面接で、この女性は、夫とその家族、不貞行為の相手の女性とその家族などから責められたことを語った。それゆえ、この女性が夫に不貞行為について言及したこと自体が悪いことであり、自分自身が間違っているのではないかと自責していた。第二回面接では、周囲に対する不信感について話した。その中には弁護士も含まれており、私は、今後、心理士自身もその中に含められていくことを予想した（心理的には過覚醒状態のとき、不信感が高まることは一般的にみられる）。私は「こうした状況の中で、自分を責めてしまうことや、周囲に対して不信感を持ってしまうのは仕方のないことである」と、ノーマライズを用いたリフレーミングを行った。

第三回面接では、弁護士と話し合いをしたことが語られた。弁護士との話し合いの中で、これまでは離婚したくないという方向であったが、離婚裁判に切り替え、慰謝料請求をしていくことになった。また、不貞行為の相手女性とは、慰謝料を支払ってもらい示談となったとのことであった。第四回面接では、女性は精神的な安定を取り戻し、仕事にやりがいを感じていることを話した。心理状況はほぼ改善に向かい、弁護士に対して肯定的見方を示した。その後、数回、フォローアップのように面接を行ったが、精神的に安定しており、終結となった。

以上では二つのケースを紹介した。その他にも複数のケースで弁護士と連携し支援を行っている。上述のケースでは、そもそも自死を考えさせるような苦難に出くわした中で、裁判というストレスフルな状況を乗り越えなくてはならない過酷な状況があることを知ることができる。裁判において、相手からの主張はその主張を通すために極端な事実関係を述べてくる場合が少なくない。そこでは、悲しみ、失望、怒りなどのさまざまな感情が生じてくる。弁護士はクライエントの自死の可能性や心理状況を心配しながら、弁護活動を進めていかなくてはならない。このような中で、法的な面を弁護士が、そして、心理的な面を心理士がサポートしていく体制の構築は、自死予防対策の一環ともなるであろうと考える。また、こうしたサポート体制の構築は私たち心理士がさらに社会的要請に応じていく、一つの手段ともなるであろう（森川ほか、2015／小林ほか、2016／若島ほか、2017／若島ほか、2018）。

文献

・森川夏乃・若島孔文・板倉憲政・三道なぎさ・小林　智　2015　自死予防対策として始まる弁護士との連携について　東北大学大学院教育学研究科臨床心理相談室紀要、13, 49-53

・小林　智・若島孔文・平泉　拓・三道なぎさ・張　新荷・兪幜蘭・安藤　樹・小林大介・清水　優・高木　源　2016　自死予防対策として始まる弁護士との連携について（Ⅱ）　東北大学大学院教育学研究科臨床心理相談室紀要、14,

49-65
・若島孔文・平泉 拓・萩臺美紀・小林 智・三道なぎさ・川原 碧・坂本一真・斎藤昭宏・進藤果林・安藤 樹・小林大介・高木 源・清水 優 2017 自死予防対策として始まる弁護士との連携について（Ⅲ） 東北大学大学院教育学研究科臨床心理相談室紀要、15, 1-11
・若島孔文・小林 智・平泉 拓・高木 源・三道なぎさ・小林大介・萩臺美紀・川原 碧・坂・本一真・塚越友子・二本松直人 2018 自死予防対策として始まる弁護士との連携について（Ⅳ）―2017年度の活動報告 東北大学大学院教育学研究科臨床心理相談室紀要、16, 1-11

V 短期療法自己成就編

43. 短期療法との出会い

よく心理療法の理論や技法は自分自身に適用するのは難しいという話を聞く。しかしながら、自分に適用できないことを人に押し付けているのは奇妙である。私は短期療法は自らに適用できると心底信じている。

私は短期療法にたくさん助けられている。まず短期療法に出会って私はセラピストになった。大学生の頃、私は社会心理学のゼミにいたが、それとは別に、臨床心理研究会というサークルに参加していた。ユング心理学を信奉する友人、ジョージ・ケリー（George Kelly）やアルバート・エリス（Albert Ellis）を信奉する友人、精神分析を信奉する友人などがいた。私は行動療法を信奉していた。それは大学三年の時までである。

大学四年の夏、私はいつものように八重洲ブックセンターに行き、見たことがない概念や理論が書いてある本をありったけ買って家に戻った。水野礼治先生の『社会心理学的心理療法―コントロール・トレーニングの理論と技法』（駿河台出版社、1993）。日本ブリーフサイコセラピー学会編集の『ブリーフセサイコセラピー研究Ⅰ』（亀田ブックサービス、1992）、東　豊先生の『セラピスト入門―システムズアプローチへの招待』（日本評論社、1993）、そしてその後、師と仰ぐことになる長谷川啓三先生の『家族内パラドックス』（彩古書房、1987）などを手にしていた。

私はこれらが似ている心理療法であると考えていた。水野先生の本は、今で言えば、認知行動療法の類に分類される内容であるが、それも含めて似ていると感じていた。それは現実感があるということである。精神分析やユング心理学は面白いが、では何をすればよいのかという点に関して、私に答えを与えることはなかった。そういう意味で行動療法はそれを与えてくれていた。しかし、行動療法にも何か違和感があった。上述の本は行動療法に似ているが、私の違和感（説教くささ）を消してくれた。何をすればいいかの回答を与えてくれたようであった。

そして、大学四年の臨床心理研究会夏合宿で、私は上述の本の一部（スティーブ・ド・シェイザー〔Steve de Shazer〕の例外とその拡張について）を発表した。その時、友人の中尾圭樹君は『逆説と対抗逆説』（星和書店、1989）を発表していた。何か似ていると思いながらも、家族療法の歴史に無知であったため、別のものと思い込んでいた。このように短期療法・家族療法に出会った。私は社会心理学で当時、少数者が多数者に与える影響を研究していたが、家族療法はまさにセラピストという一人の人が家族という多数者に影響を与える、それも実験室ではなく、実戦なのである。なんて魅力的なんだろう！

私はド・シェイザーに感銘を受けた。世の中の問題、戦争や紛争を含めて、全てがこれで解決できるという幻想に陥った。

44. ＩＴＣ家族心理研究センター

大学院修士課程に進んだ。社会心理学を専攻した。東京と愛知の大学院に合格していたが、愛知を選んだ。それは同調行動に関する研究をしている先生が名古屋にいたことと、長谷川啓三先生がいたからである。長谷川先生は当時、女子大に勤めていた。私は四月に長谷川先生に手紙を書いた。書いたのはいいけれど、送り先が分からないので、送り先の住所を教えてもらうために女子大に電話した。すると事務の方が「お待ちください。長谷川先生に繋げます」と言うので緊張した。

長谷川先生は手紙を持って研究室に来なさいと言った。私は手紙を持って女子大に行った。研究室を訪問すると、ジーンズをはき、白衣を着た、眼鏡をかけた若い助手の先生が出てきた。と思ったらそれが長谷川先生だった。ケイゾウというので、威厳のある年配の先生と私は思い込んでいたのだ。これが長谷川先生との出会いである。

長谷川先生はＩＴＣ家族心理研究センターを紹介して下さった。ここで短期療法・家族療法のトレーニングが受けられると言う。私はすぐにトレーニーとなった。児玉真澄先生、牛田洋一先生、笹竹英穂先生、宇佐美久枝先生ら温かい先生たちの集まりであった。私は治療チームの話し合いの際、どのケースでもパラドックス介入を提案していたことが当時の記録から分かる。先生方からすると、相当鬱陶しかったか、若造だからしょうがないと思われていたかのいずれか、あるいはいずれもであろう。でもとにかく温かくトレーニーとして迎えてくれた。

当時は摂食障害、境界性パーソナリティ障害、自傷行為（今のそれとは違う、かなりひどい自傷である）などが問題となっていた。そんなケースからトレーニングが始まった。

45. 短期療法は自らを助ける

「……ああ　おまへはなにをして来たのだと……吹き来る風が私に云ふ」（中原中也）

短期療法はクライエントの問題解決にとても有効な心理療法である。それとともにセラピストを助ける心理療法でもある。

セラピストが深刻になり過ぎることなく、心理療法を進めることができる。児玉先生は軽やかな感じで心理療法プロセスを駆け抜けていく。牛田先生はゆっくりとユーモアを交えながら心理療法プロセスを進めていく。こんな風に心理療法が進められれば、クライエントの辛さも半減するというものである。

クライエントの暗い部分を探り分析する必要もない。クライエントやその家族そのものを活かしていく。変に楽観的なわけでなく、人間に対して優しいのである。山登りを一緒にする感じである。それも究極の山登りではなく、ぼちぼち足腰が辛いけど、こっちの道を通れば比較的楽かもしれないよ、というような感じで。辛くなったら行ける行ける大丈夫だよ、というような感じで。

長谷川先生は「比喩的に言えば、心理療法とは泣いてる人を笑顔にすることなんや」と言う。笑顔をはやく見られるならばセラピストもはやく笑顔になれる。袋小路に入らなくてもよい。そういう意味で短期療法はセラピスト自らを助けている。

児童相談所で私は不登校の中学生のカウンセリングをした。学校に生き始めたこの少年は私が師範を務める空手道場の門を叩いた。私は空手の師範として接した。この少年は青年となり大学に進学した。

それから時は流れて、もう二〇年が経とうとしている。そんな時、この青年はフェイスブックで私を再び見つけて、接触を持った。東京で飲むことになった。彼は私よりずっと立派な大人に成長していた。妻や子どもという家族も得ていた。そんな彼は私に言った。「仏壇のケースですよ！」。私は思い出した。朝になると体調を崩す彼に、朝、仏壇に水をあげて手を合わせるようにという介入課題を与えたケースであった。

児童相談所の頃、暴走族だった少年に出会っていた。その少年から手紙をもらった。私はそれに感動した。そして書き出しが「僕わ……」。「僕は」ではなく「僕わ」かよ。ダメだこりゃと思い、笑った。

仮設住宅の実質的な自治会長であった方とは支援が終わった今もやりとりをしている。仮設住宅に大量に余った毛布を私にくれた。そして、最近では、将来、建築の仕事をしたいと言う高校生を私に紹介してくれた。この高校生は将来建築家になり、今後作られる震災やその他災害の仮設住宅を住民にとってより快適にできるようにしたいという夢を持つ。だから、私の意見を聞きたいと言う。私は板倉先生（ＰＴＧグループの仮設住宅班のリーダー）の意見を踏まえて、意見を伝えた。こんな夢を持つ高校生がいることに私自身、夢が広がった。

これで人を支援していると言えるだろうか。助けられているのはむしろ私自身である。

46. 短期療法のトレーニング

短期療法に限らず、おそらく心理療法の教育というのはたいへん難しいのではないだろうか。私は私の研究室の博士課程の大学院生と冬になるとスキーをしに行く。仕事が終了した後の平日のナイターである。何事においてもたいへん優秀な大学院生・高木　源君はスキーを初めてやると言った。彼はもともと静岡・焼津の出身で、大学から仙台に来た学生である。私、高木君ともっぱら一緒にスキーに行くのは小林大介君である。

私がスキーを教えるのは、すでに滑れる人に対してである。人の滑りを見て、イメージを持ち、滑ってみることが大切であると思っている。そうすると斜面が滑り方を教えてくれる。斜面の教えを請わないと、スキーを滑られないということのみならず、斜面に立つことすら困難である。

なんとか滑れるようになったら、次はさまざまなゲレンデの斜面に出会うことである。さまざまな斜面がさまざまな滑り方を教えてくれる。そんな段階で、スキーの基本的なことを教えるとはやく上達する。基本を身に付けないと、それ以上の上達が難しくなる。基本はそれまでに身に付けた癖を排除する方法である。癖の排除が基本稽古の本質なのだ。基本はこれまでの自由を奪うことで、癖を排除していく。セラピストになるための傾聴のトレーニングも自由を奪うことから成り立つ。

こうして自由を奪われた中で、基本を身に付けて、慣れてくる。慣れてくることで余裕が生まれる。余裕が生まれてきたとき、その余裕の分ずつ、自由を取り戻していく。そして、これまで以上に斜面に教えてもらうことが増えて、斜面のことも忘れて滑り始める。これが脱学習である。

感覚的には、心理療法もこんな感じなのではないかと考えている。本を百冊読んでも、やりとりの練習なくしては上手くならない。そして最初はロールプレイのクライエント役、後にはクライエントに教えてもらうことになる。基本を学ぶためには一つの心理療法をオリエンテーションする必要がある。そうしないと何が基本かも理解することがないまま自由な心理療法を行うことになり、それでは上手くいかないので、最終的にはセラピスト自身にその影響は戻り、悩みを持つことになるであろう。

どんな心理療法でも良いので、一度、オリエンテーションを持つことがプロになる道である。最初から折衷や統合は不可能である。

47. 人間を相手するということに終着点はない。

人間を相手することに終着点はない。心理学を勉強すれば勉強するほど、人間というものが深遠であることを思い知らされる。大日如来が示すように、こころ＝人＝宇宙なのだと思う。心理学を大学で教える立場として、あまりにも人間のことを知らないのに、人に教えることに恥ずかしさすら覚える。
おそらく人間を知るためには、心理学だけでは難しく、哲学、宗教学、教育学、社会学、人類学、文学、芸術、医学など心理学以外の学問領域をも謙虚に学ぶ必要があるのであろう。それでも終着することはない。

クライエントと向かい合うと、同じ病気、同じ障害を持っていても一人として同じ悩みを抱える者などないことが分かる。何とか病、何々障害には、どのように心理療法を進めるのかという議論はそういう意味では無意味である。診断名の単位で、心理療法のあり方を区分していくことはできない。なぜならば、人間の全体性を扱っていくのが私たちの仕事であるからだ。

そんな中で、今そこにある問題をクライエントとともに、少しだけ変化を起こして、解決を見つけて、人生をやり過ごしていく。そんなお手伝いをするのが短期療法である。そして、どんなお手伝いもその人の人生の一通過点をやり過ごすことを手伝っているに過ぎないことを私たちは理解していなくてはならないだろう。

本書はこれでお終いである。

あとがき

私は二十二歳の頃から短期療法を学び二十五年が経過した。短期療法に関する本もいくつも書いたが、短期療法に関する最後の本を書くつもりでこの本を書いた。なぜ、47という中途半端なヒント集なのか、その理由は私が現在47歳であるということだけである。

心理療法は人あってである。人の存在を抜きにして、心理療法は成しえない。そのことは短期療法の訓練をする立場となったとき、痛感した。私は日本ブリーフセラピー協会のチーフトレーナーとして短期療法の指導をし、また、東北大学大学院にて公認心理師と臨床心理士の育成のための指導をしている。今、一番の悩みはどのように訓練すれば短期療法ができるようになるのかということである。難しい。答えが出ない。上手くなる人は最初から上手く、上手くならない人はなかなか上達しない。今、分かっていることの一つは、教えてもらうという受け身では駄目だということである。自ら盗み、そして工夫するということである。

読者の方々にも、それを希望する。本書は未熟ではあるが、私ができる限り、精一杯に、短期療法の実戦のために重要なことを欺瞞なく書いたつもりである。しかしながら、本書を読むだけでは短期療法はできない。本書からヒントを得て、盗み、工夫して欲しい。それが私からのお願いである。本書が書けたことで、いつでも死ねる。そんな本書に満足している。執筆協力をして下さった高野光拡先生（日蓮宗久繁山本立寺住職）、江川和哉先生（杉並区役所次世代支援相談員）、野口修司先生（香川大学医学部准教授）、小林智先生（新潟青陵大学助教）、小林大介君（東北大学大学院教育学研究科博士課程）、二本松直人君（東北大学大学院教育学研究科博士課程）にこころから感謝いたします。無理をお願いし、編集してくださいました遠見書房の山内俊介社長にこころから深く感謝申し上げます。

若島　孔文

ま行～

ら行～

索　引

人　名

事　項

A-Z

あ行

か行

若島孔文（わかしま・こうぶん） 1972年石川県輪島市生。2000年東北大学大学院教育学研究科博士課程修了，博士（教育学）。東北大学大学院教育学研究科教授。公認心理師，臨床心理士，ブリーフセラピスト（チーフトレーナー・シニア），家族心理士，犬訓練士。

ITC家族心理研究センター・トレーニー，仙台市児童相談所心理判定員，国立療養所岩手病院心療内科心理療法士，財団法人ふくしま自治研修センター教授，和光大学人間関係学部非常勤講師，横浜市スクールカウンセラー，慶應義塾大学非常勤講師，立正大学心理学部准教授などを経て，2008年4月より東北大学大学院教育学研究科准教授となり，2020年より現職。

学会活動として，日本カウンセリング学会「カウンセリング研究」編集委員，日本家族心理学会理事長，日本ブリーフセラピー協会本部研修員制度チーフトレーナー，国際家族心理学会副学会長，日本心理臨床学会代議員など。

社会活動として，海上保安庁第三管区惨事ストレス対策ネットワーク委員会委員，海上保安庁第二管区心の健康対策アドバイザー，杉並区教育委員会不登校対策チーム・スーパーヴァイザー，宮城県臨床心理士会倫理委員会委員長，仙台市教育委員会学校生活支援巡回相談員，名取市いじめ防止対策調査委員会委員，臨床心理士養成大学院協議会代議員など。

主な著書

若島孔文　2001　コミュニケーションの臨床心理学　―臨床心理言語学への招待―　北樹出版

長谷川啓三・若島孔文編　2002　事例で学ぶ家族療法・短期療法・物語療法　金子書房

若島孔文編　2004　脱学習のブリーフセラピー　―構成主義に基づく心理療法の理論と実践―　金子書房

若島孔文編著　2007　犬と家族の心理学　―ドッグ・セラピー入門―　北樹出版

若島孔文編著　2007　社会構成主義のプラグマティズム　―臨床心理学の新たなる基礎―　金子書房

若島孔文著　2010　家族療法プロフェッショナル・セミナー　金子書房

若島孔文著　2011　ブリーフセラピー講義　―太陽の法則が照らすクライアントの「輝く側面」―　金剛出版

長谷川啓三・若島孔文編　2013　震災心理社会支援ガイドブック ―東日本大震災における現地基幹大学を中心にした実践から学ぶ―　金子書房

東　豊・水谷久康・若島孔文・長谷川啓三　2014　匠の技法に学ぶ　実践・家族面接　日本評論社

狐塚貴博・若島孔文編著　2016　解決の物語から学ぶブリーフセラピーのエッセンス　―ケース・フォーミュレ―ションとしての物語―　遠見書房

若島孔文・長谷川啓三　2018　新版 よくわかる！短期療法ガイドブック　金剛出版

ソバーン，J．W．＆セクストン，T．L．著〔若島孔文・野口修司監訳〕 2019　家族心理学　―理論・研究・実践―　遠見書房

短期療法実戦のためのヒント 47
——心理療法のプラグマティズム

2019 年 11 月 10 日　第 1 刷
2021 年 10 月 30 日　第 2 刷

著　　者　若島孔文《わかしまこうぶん》
発 行 人　山内俊介
発 行 所　遠見書房

〒 181-0002 東京都三鷹市牟礼 6-24-12
三鷹ナショナルコート 004
TEL 0422-26-6711　FAX 050-3488-3894
tomi@tomishobo.com　http://tomishobo.com
遠見書房の書店　https://tomishobo.stores.jp

印刷・製本　太平印刷社

ISBN978-4-86616-100-6　C3011